강아지 배변훈련
# 시키지
마라

# 강아지 배변훈련 시키지 마라

| | |
|---|---|
| 발행일 | 2017년 8월 4일 |

| | | | |
|---|---|---|---|
| 지은이 | 김 세 화 | 일러스트 | 이 규 찬 |
| 펴낸이 | 손 형 국 | | |
| 펴낸곳 | (주)북랩 | | |
| 편집인 | 선일영 | 편집 | 이종무, 권혁신, 송재병, 최예은, 이소현 |
| 디자인 | 이현수, 이정아, 김민하, 한수희 | 제작 | 박기성, 황동현, 구성우 |
| 마케팅 | 김회란, 박진관, 김한결 | | |
| 출판등록 | 2004. 12. 1(제2012-000051호) | | |
| 주소 | 서울시 금천구 가산디지털 1로 168, 우림라이온스밸리 B동 B113, 114호 | | |
| 홈페이지 | www.book.co.kr | | |
| 전화번호 | (02)2026-5777 | 팩스 | (02)2026-5747 |

ISBN    979-11-5987-675-2 13490(종이책)    979-11-5987-676-9 15490(전자책)

잘못된 책은 구입한 곳에서 교환해드립니다.
이 책은 저작권법에 따라 보호받는 저작물이므로 무단 전재와 복제를 금합니다.

이 도서의 국립중앙도서관 출판예정도서목록(CIP)은 서지정보유통지원시스템 홈페이지(http://seoji.
nl.go.kr)와 국가자료공동목록시스템(http://www.nl.go.kr/kolisnet)에서 이용하실 수 있습니다.
(CIP제어번호: CIP2017018338)

**(주)북랩** 성공출판의 파트너
북랩 홈페이지와 패밀리 사이트에서 다양한 출판 솔루션을 만나 보세요!

**홈페이지** book.co.kr    •    **블로그** blog.naver.com/essaybook    •    **원고모집** book@book.co.kr

가두지 않고 혼내지 않아도 되는 반려견 배변교육 가이드

김세화 지음

강아지 배변훈련
# 시키지 마라

북랩 book Lab

## 프롤로그.

"배변훈련만 시켜주시면 돼요."

자신의 반려견은 다른 문제는 없으므로 다른 훈련은 필요 없고 배변훈련만 시켜달라는 보호자분의 말씀입니다. 필자가 배변훈련 상담을 할 때 자주 듣는 말이기도 합니다. 이 말은 배변훈련에 대한 사람들의 일반적인 생각이 단적으로 드러난 말입니다. 사람들은 대체로 배변훈련만 시켜주면 배변문제가 해결되리라 생각하고 잘되지 않는 것은 방법 내지 요령을 알지 못한 탓으로 여깁니다. 많은 사람들의 생각처럼 배변문제는 단순한 배변훈련만의 문제이고 요령 내지 방법상의 문제에 그치는 것일까요?

이 책은 이런 의문점에서 출발했습니다. 많은 반려견들의 배변문제를 해결해주는 과정에서 필자는 사람들의 생각이 잘못되었다는 사실을 느낄 수 있었습니다. 배변문제는 단순한 배변훈련만의 문제가 아니며 이를 예방하고 해결하기 위해서는 배변훈련의 요령이나 방법에만 매달려서는 한계가 있다는 사실을 체감할 수 있었습니다. 이런 생각은 여러 가정을 방문하여 수많은 반려견들의 배변문제를 해결하는 과정에서 횟수가 반복되면 될수록 확연해져 갔습니다. 그에 더해 배변훈련이란 억지로 시키는 것이 아니라는 사실도 깨달을 수 있었습니다. 배변훈련을 억지로 시키지 않아도 스스로 배변을 잘 가리는 반려견이 더 많다는 사실이 새로운 생각을 하는 계기를 만들어 주었습니다. 시행착오 끝에 가두지 않고 혼내지 않아도 되는 배변훈련법을 알게 되었습니다. 여기까지가 필자가 이 책을 쓰게 된 배경입니다.

아직도 수많은 반려견 보호자들이 배변문제 때문에 힘들어하고 있습니다. 배변문제를 해결하고자 무조건 울타리에 가두기도 하고 혼내기도 하면서 배변훈련에 매달리는 모습을 보면 안타깝습니다. 나아가 배변훈련의 문제가 아닌 배변문제를 배변훈련으로만 해결하려는 사람들의 행동에 안타까운 마음은 더해갑니다.

배변훈련은 시키는 것이 아닙니다. 억지로 시킬 필요가 없습니다. 배변행위의 의미를 이해하고 이를 활용하여 배변확률을 높여주면 가두지 않고 혼내지 않아도 배변교육에 성공할 수 있습니다. 배변훈련은 배변훈련 방법만의 문제에 그치는 것이 아닙니다. 배변 외적 문제가 배변을 좌우한다는 사실을 알고 계십니까? 이 책은 이런 점에 초점을 두고 쓰였습니다. 물론 이 책도 구체적인 배변훈련 방법을 다루고 있습니다.

그러나 방법만을 서술하는 데 그치지 않습니다. 배변훈련에 관한 기존 책들이 그 방법을 서술하는 데에만 치중했다면 이 책은 배변훈련 방법 외에 배변행위의 의미를 이해하고 배변에 영향을 미치는 반려견의 감정 등 배변 외적 요소까지 함께 다룸으로써 다양한 배변문제를 예방하고 근본적으로 해결하며 나아가 반려견의 행복한 삶을 모색하려 합니다.

구체적으로 이 책은 다음 사항에 초점을 두고 서술했습니다.

첫째, 배변훈련은 억지로 시키는 것이 아닙니다. 강제로 가두고 혼내며 시킬 필요가 없습니다. 개들의 배변행위의 의미를 이해하고 이를 활용하여 배변확률을 높이기만 하면 가두지 않고 혼내지 않아도 배변교육에 성공할 수 있습니다.

이런 관점에서 가두지 않고 혼내지 않아도 되는 배변교육의 구체적인 방법을 상세히 설명했습니다. 이 책에서 서술하는 가두지 않고 혼내지 않아도 되는 배변교육의 방법과 원리는 다른 방법으로 배변교육을 하는 때에도 마찬가지로 적용가능할 뿐 아니라 개들의 배변행위를 이해하고 갖가지 배변문제를 예방하고 해결하는 데에도 유용하게 활용할 수 있습니다.

둘째, 배변은 감정의 리트머스입니다. 감정의 바로미터입니다. 스트레스의 표현이기도 합니다. 배변문제는 배변훈련만의 문제가 아닙니다. 배변교육에 성공하고 배변문제를 해결하기 위해서는 그에 영향을 미치는 배변 외적 요소를 고려하지 않으면 안 됩니다. 배변 외적 요소가 배변을 좌우합니다. 이 책은 배변에 영향을 미치는 반려견의 감정이나 심리 등 배변 외적 요소를 깊이 있게 다룸으로써 배변문제를 예방하고 해결하는 데 완벽을 기했습니다.

셋째, 실제로 배변교육을 하다 보면 궁금한 것도 많고 여러 가지 어려움에 부딪히게 됩니다. 이 책은 배변교육을 할 때 부딪히게 되는 영역표시문제, 실내마킹행위, 밖에서만 배변하는 행동, 밖에서 배변하지 않는 행동, 실외배변 길들이기, 중성화수술과 배변 등 배변 관련 문제를 두루 다루어 배변에 관한 거의 모든 궁금증과 문제에 대해 명쾌한 해답을 제시합니다. 그 외 부록에서는 가능한 모든 배변훈련방법들의 구체적인 방법과 장단점을 비교하고, 자주 묻는 배변훈련 관련 궁금증도 수록했습니다. 사실 부록에 실린 내용은 중요도가 떨어져 그곳에 둔 것이 아니라 책의 편제상 부록에 삽입하였을 뿐 책의 본문에서 다뤄도 될 만큼 중요한 내용이라는 점을 오해하지 않기를 바랍니다.

특히 여러 가지 배변훈련방법들을 충실히 따라했는데도 잘 안되거나 예전에는 배변을 잘 가렸는데 어느 날부터 배변실수를 반복하거나 아무리 노력해도 반려견의 배변교육이 나아지지 않는 분들은 이 책을 반드시 읽어야 합니다.

부족하나마 이 책을 통해 반려견의 배변문제를 해결하고 반려견과의 행복한 삶에 보탬이 되기를 진심으로 바랍니다. 배변문제를 해결하여 삶을 함께하는 가족으로, 동반자로 반려견이 무지개다리를 건널 때까지 힘든 일도 기쁜 일도 함께하기를 바라겠습니다. 배변문제 때문에 신뢰관계를 훼손하고 버림받는 반려견이 이 땅에서 없기를 바라는 마음입니다.

## 목차

프롤로그  4

### 제1장
## 배변교육에 대한 생각부터 바꿔라

배변훈련은 시키지 않아도 된다  16
배변훈련 문제가 아닌 경우가 더 많다  19
배변본능만 잘 활용해도 성공할 수 있다  21
스스로 잘하는 개가 더 많다  24
배변은 감정의 리트머스다  27
바이오피드백 biofeedback  30
배변교육도 다른 교육과 다르지 않다  32
혼내는 배변교육은 절대로 하지 마라  36
무턱대고 가두지 마라  42

**제2장**

# '개가 배변한다는 것'의 의미

개똥철학을 가져라?!　50
영역표시?　53
배변행위의 다양한 의미　55
배변행위의 의미 활용　70
구체적 활용사례　72

# 가두지 않고
## 혼내지 않아도 되는
### 배변교육

가두지 않고 혼내지 않아도 되는 배변교육의 성공조건　78
배변훈련 프로그램은 필요치 않다　80
가두지 않고 혼내지 않아도 되는 배변교육의 구체적 방법　82

   **1단계: 환경설정**
     1. 배변장소 정하기
     2. 침실, 식당과 배변장소

   **2단계: 배변확률을 높여라**
     1. 배변확률을 높이는 방법과 적용원리
     2. 간식을 활용하라

   **3단계: 보상과 잭팟**
     1. 관찰과 보상이 열쇠다
     2. 스케줄은 필요 없지만 배변주기는 알아야 한다
     3. 잭팟을 터뜨려라
     4. 보상에도 품질이 있다

   **4단계: 오류와 수정**

입양 초기의 배변교육　135
실수는 자연스런 행동이다　139
칭찬만큼 중요한 실수했을 때의 대처법　142
배변교육이 효과 없는 경우도 있을까?　146
다른 배변교육 방법이 필요한 때　152

## 제4장

# 배변 외적 요소가
# 배변을 좌우한다

배변을 단순한 배변교육의 문제로만 봐서는 안 된다  156
배변은 스트레스의 표현이기도 하다  158
스트레스를 관리하라  164
배변은 스트레스의 표현이자 해소수단이다  170
분리불안증과 배변  174
분리불안증을 예방하기 위해서는 입양 초기가 중요하다  179
"금방 갔다 올게."  181
분리불안증 사례  183
건강한 생활에, 건강한 배변습관  187
산책과 배변교육  191
생활과 배변은 별개가 아니다  195

### 제5장
## 기타 관련 문제

**영역표시의 문제 200**
　1. 용어의 유래
　2. '영역표시'란 말은 잘못되었다
　3. 나를 알리는 행동, 중요표시
　4. 스트레스, 불안감, 힘들다는 표현
　5. 실내마킹행위

**바깥에서만 배변하는 반려견 214**
　1. 고쳐야 할 행동인가?
　2. 왜 바깥에서만 배변할까?
　3. 바깥에 나가지 않아야 하는가?
　4. 실내배변을 위한 조언

**실외배변 길들이기 227**
　1. 실외배변이 필요한 경우
　2. 실외배변의 방법

**실외 특정장소에서의 배변 233**
**바깥에서 배변하지 않는 반려견 237**
**중성화수술과 배변 240**
**배변은 복종문제와 무관하다 242**

에필로그 246

## 부록

여러 가지 배변훈련 방법들 250
자주 묻는 배변교육 궁금증과 문제해결 270

배변훈련은 시키지 않아도 된다
배변훈련 문제가 아닌 경우가 더 많다
배변본능만 잘 활용해도 성공할 수 있다
스스로 잘하는 개가 더 많다
배변은 감정의 리트머스다
바이오피드백
배변교육도 다른 교육과 다르지 않다
혼내는 배변교육은 절대로 하지 마라
무턱대고 가두지 마라

## 제1장

# 배변교육에 대한 생각부터 바꿔라

배변교육을 무조건 '시켜야 되는 것'으로 생각하는 분들이 대다수입니다. 배변교육은 억지로 시키지 않아도 됩니다. 배변본능을 충분히 이해하고 활용하며, 배변훈련 외에 심리적인 요소에 많은 영향을 받는다는 사실을 잊지 않는다면 가두지 않고 혼내지 않아도 배변교육에 성공할 수 있습니다.

# 배변훈련은
# 시키지 않아도 된다

 필자는 가정을 방문하여 애견방문교육을 합니다. 많은 분들이 반려견이 배변을 가리지 못한다며 방문교육을 의뢰합니다. 그런데 실제로 가정을 방문하여 상담을 하고 반려견의 배변행동을 살펴보면 배변훈련을 시키지 않아도 되는 경우가 더 많습니다. 억지로 시키지 않아도 쉽게 해결할 수 있는 경우이거나 배변 외적 요소가 원인이 되어 배변을 가리지 못하는 경우가 더 많기 때문입니다.

 사람들은 흔히 울타리에 강제로 가둬두면서 다른 곳에 용변을 보지 못하게 하고 울타리 내의 정해진 장소에서만 용변을 보도록 강제하는 것을 배변훈련이라고 생각합니다. 배변장소를 만들어놓고 반려견이 그곳에서 배변하지 않고 엉뚱한 곳에 배변을 하면 실수한 곳으로 끌고 가서 코를 대고 냄새를 맡게 하면서 화를 내고, 신문지 등으로 바닥을 치면서 혼내거나 고함치는 것을 배변훈련이라고 생각합니다. 울타리에 가둬두고 일정표를 작성하여 그 시간에 맞춰 화장실로 옮겨서 배변을 유도하는 것을 배변훈련이라고 생각합니다. 그렇게 하는 것을 '배변훈련을 시킨다'고 합니다.

배변을 가리지 못한다는 반려견들을 실제로 만나 보면 정해진 배변장소를 전혀 알지 못하는 경우보다 배변장소를 어느 정도 인식하고 있는 경우가 더 많았습니다. 이것은 무엇을 의미하는 걸까요? 배변을 온전히 가리지 못하는 것이 단순히 배변훈련 문제에 기인하고 국한된 것이 아니라 배변 외적 요소가 영향을 미치고 있다는 의미입니다. 이런 상태에서 배변훈련에만 매달리는 것은 엉뚱한 처방에 불과해 해결은 요원해지고 스트레스를 유발하여 증세를 더 악화시킬 수 있습니다. 이들에게 정말 필요한 것은 배변훈련이 아닙니다.

배변훈련은 시키지 않아도 됩니다. 배변훈련을 억지로 시킬 필요가 없습니다. 실제로 주변에는 배변훈련을 억지로 시키지 않아도 스스로 정해진 배변장소에서 용변을 잘 가리는 반려견들이 그렇지 않은 반려견보다 더 많습니다. 그러므로 우리가 할 일은 부모가 그러하듯 스스로 잘 가릴 수 있을 때까지 너그러운 마음으로 기다려주며, 자연스런 방법으로 용변장소를 알려주고 살짝 도와주기만 하면 됩니다. 어린 아이들에게는 이렇게 하면서도 개들에게는 그렇지 못할 이유가 있나요? 배변행위의 의미를 이해하고 정해진 장소에의 배변확률을 높여주기만 하면 잘할 수 있습니다. 반려견이 배변실수를 한다면 힘들어하는 것이 무엇인지 배변 외적 요소를 꼼꼼히 살피고 배변행동에 영향을 미치는 주변 요소들을 부모된 마음으로 관리한다면 인위적이고 강제적인 배변훈련이 필요한 경우는 그리 많지 않습니다. 억지로 배변훈련을 시키는 것보다 더 쉽게 배변교육에 성공할 수 있습니다. 그러니 배변훈련을 시킨다며 억지로 강제하고 가두고 혼내지 마세요. 가두지 않고, 혼내지 않고도 원하는 장소에 배변하게 할 수 있으니까요.

# 배변훈련 문제가
# 아닌 경우가 더 많다

　배변을 가리지 못한다는 가정을 방문해서 반려견의 행동을 관찰하고 상담해보면 사람들의 생각과 달리 배변장소를 어느 정도는 인지하고 있는 반려견들이 대부분이었습니다. 많은 반려견들이 정해진 화장실장소를 희미하게나마 인식하고 있는 경우가 더 많다는 거지요.

　이런 사실은 무엇을 의미하는 것일까요? 배변훈련의 문제라고 생각하는 부분이 실제로는 배변훈련의 문제라기보다 다른 문제일 수 있다는 것을 의미합니다. 배변오류를 유발하는 배변 외적 요인이 정상적인 배변활동을 방해하거나 가로막고 있는 까닭입니다. 이런 반려견들에게 이른바 '배변훈련'만 아무리 열심히 시킨다 한들 비정상적인 배변활동이 나아질 리 만무합니다.

　배변장소를 알지 못해서 가리지 못하는 경우를 '배변훈련의 문제'라고 한다면, 정해진 배변장소에서 배변을 하지 않는 이유가 배변장소를 알지 못하는 '배변훈련의 문제' 때문인 경우보다는 심리적인 불안감이나 스트레스, 비정상적인 생활습관 등 배변훈련의 문제 이외의 다른 문제 즉, 배변훈련 외적 문제(배변 외적 문제) 때문에 배변을 가리지 못하는 일이 월등히 많은 것이 현실입니다.

따라서 배변오류를 해결하기 위해서는 항상 배변훈련 외적 문제를 함께 고려하지 않으면 안 됩니다. 강아지 배변훈련을 배변훈련자체의 문제로만 인식하거나 그런 측면에서만 해결하려는 태도는 이를 제대로 이해하지 못한 구태의연하고 편협한 접근방법이며, 오히려 배변교육과 배변 관련 문제를 해결하지 못하게 방해하는 장애물로 작용합니다. 이렇듯 강아지 배변훈련은 배변훈련의 문제와 더불어 배변훈련 외적 문제를 반드시 함께 고려해야 합니다.

# 배변본능만 잘 활용해도
# 성공할 수 있다

반려견들의 배변교육이 가능한 가장 결정적인 이유는 무엇일까요? 그것은 바로 '배변본능' 때문입니다. 반려견들은 예외 없이 배변본능을 지닌 채 태어나고 이런 타고난 배변본능의 지배를 받으며 행동하고 평생을 살아가게 됩니다.

본능은 쉽게 없어지거나 바뀌지 않으며 그것을 거스르며 살아가기란 정말 어렵습니다. 이는 반려견뿐 아니라 모든 살아있는 생물에 적용되는 보편타당한 불변의 법칙입니다. 우리 사람들도 이 점에서는 예외가 아닙니다. 본능은 태어나면서부터 저절로 주어지며 살아있는 동안 항상 생명체의 행동을 지배하다가 죽을 때까지도 그에 따라 본능을 지닌 채 죽어가게 됩니다. 이렇듯 본능은 태어나면서부터 죽을 때까지 모든 생물의 행동에 영향을 미치는 중요한 요소입니다.

그러기에 반려견의 행동에 대해 논의하면서, 반려견을 교육하고 반려견의 행동을 수정하면서, 특히 배변교육을 하면서 본능적 측면을 간과해서는 절대로 안 됩니다.

방문교육을 하면서 반려견의 잠자리, 식사장소, 배변장소 등을 살펴보면 얼마나 많은 사람들이 반려견들의 배변본능에 대한 이해가 부족한가를 절감하게 됩니다. 배변본능에 맞지 않는 곳에 화장실을 배치하는 것은 아무리 노력해도 배변교육에 실패하는 원인이 될 수 있습니다. 이런 현상은 배변본능에 충실한 반려견일수록 더 뚜렷하게 나타납니다.

이와 관련된 사례는 무수히 많은데, 그중 한 가지를 소개하겠습니다. 처음 의뢰인의 집을 방문해서 목격한 모습은 다음과 같았습니다. 거실 한쪽에 반려견의 잠자리와 밥그릇, 물그릇을 두고 바로 옆에 배변판을 둔 채 반려견은 짧은 줄에 묶여진 채로 생활하고 있었습니다. 배변을 가리지 못한다는 이유로 줄에 묶어두고 다른 곳에는 용변을 보지 못하게 하면서 옆에 놓아둔 배변판만 쓰게 하려는 의도였습니다. 보호자의 말에 따르면 줄에 묶여져 있을 때에는 이따금씩 배변판에 용변을 보기도 하지만 그마저 정확하지 않고 줄을 풀어주면 거실 아무 곳에나 똥오줌을 싸곤 해서 줄을 함부로 풀어줄 수 없는 형편이라고 했습니다. 그러나 어이없게도 그 반려견이 배변을 가리지 못한 것은 배변본능을 고려하지 않은 배변환경 때문이었습니다. 그 반려견은 배변본능에 충실했기에 오히려 배변을 가리지 못했습니다. 필자가 그에 맞게 배변환경을 바꿔주자 언제 그랬냐는 듯이 거의 실수 없이 배변판에 가서 용변을 보게 되었습니다. 저는 그 반려견에게 '배변훈련'은 시키지도 않았습니다. 배변본능을 고려하여 배변환경을 바꿔준 것뿐이었습니다.

배변본능을 이해하고 활용하기만 한다면 배변교육은 어찌 보면 너무도 단순하고 쉽습니다. 배변본능을 이해하고 그에 맞게 배변환경을 만들어주며, 자연스레 유도하고 원하는 장소에 배변했을 때 보상하기만 한다면 대부분 성공할 수 있기 때문입니다. 배변본능만 잘 활용해도 절반 이상, 아니 열에 아홉 이상은 성공할 수 있습니다. 억지로 배변훈련을 시키지 않아도 됩니다. 그만큼 배변교육을 하면서 배변본능을 이해하고 활용하는 것은 교육의 성패를 좌우할 만큼 중요합니다.

# 스스로 잘하는 개가
# 더 많다

　반려견을 키우는 분들이라면 다른 반려견 보호자분들과 얘기를 나눌 기회가 종종 있을 겁니다. 반려견과 산책을 하다가 산책 중인 다른 보호자를 만나면 반가운 마음도 들고 반려견에 대한 이런저런 얘기를 나누게 됩니다. 그러면서 자신의 반려견과 다른 보호자가 기르는 반려견의 행동을 비교하기도 하고 다른 반려견은 이런 경우에 어떤 행동을 하는지 궁금해하며 물어보기도 합니다. 이때 반려견이 용변을 잘 가리는지를 물어보면 이렇게 대답하는 분들이 의외로 많습니다.

　"우리 강아지는 어려서부터 배변훈련 같은 건 따로 시키지도 않았는데 스스로 배변패드에 가서 용변을 잘 봤어요."

　사실입니다. 필자가 애견방문교육을 하면서 상담을 해보면 많은 분들이 억지로 훈련을 시키지 않았는데 정해진 화장실장소에 스스로 들어가서 배변하더라는 얘기를 합니다. 어떻게 이런 일이 가능할까요? 이것이 의미하는 바는 무엇일까요? 그건 바로 앞에서 얘기한 '배변본능' 때문입니다. 대부분의 반려견들은 타고난 배변본능에 따라 스스로 배변을 잘 가릴 수 있는 능력이 있습니다. 우리 사람들은 다만 그 본능에 부합하는 적절한 환경을 만들어주고 배변확률을 높여주는 노력과 함께 때맞춰 보상해주기만 하면 되는 겁니다.

스스로 배변을 잘 가리게 되는 까닭을 배변본능 중 한 가지 예를 들어 좀 더 구체적으로 살펴보겠습니다. 바닥에 다른 물건이 별로 없는 거실 한쪽에 배변판이나 배변패드를 두면 그곳에 배변하라는 어떤 유도도 하지 않았는데 어렵지 않게 스스로 그곳에서 용변을 보는 반려견이 많습니다. 그 이유는 제2장에서 설명할 '개가 배변한다는 것의 의미'와 관련이 있습니다. '특별하거나 중요한 곳에 배변한다'에서 자세하게 설명하겠지만 개들은 뭔가 특별해보이는 곳, 다른 곳과 달라 보이는 곳에 배변하려는 습성이 있습니다. 거실에 배변판을 두거나 배변패드를 깔아두면 개의 눈에 그것은 뭔가 특별하거나 이상해보이고 다른 곳과 달라 보이게 됩니다. 자연스레 그곳에 용변을 볼 확률이 높아지게 됩니다. 우리는 그곳에 용변을 보는 순간을 기다렸다가 그때를 놓치지 않고 보상을 해주기만 하면 머잖아 배변교육에 성공하게 되는 것입니다. 이런 원리로 배변교육을 억지로 시키지 않아도 스스로 정해진 화장실장소에 배변하게 되는 개가 실제로 정말 많다는 사실에 주목해야 합니다.

 이것은 배변문제로 고민하고 힘들어하는 수많은 보호자들에게 용기와 희망을 주는 고무적인 애기인 동시에 반성해야 하는 이유이기도 합니다. 당신의 반려견도 조금만 노력하면 쉽게 배변에 성공할 수 있다는 것을 의미합니다. 그러니 희망을 버리지 마시기 바랍니다. 당신의 반려견이 못하란 법이 없습니다. 당신의 반려견도 다른 강아지들처럼 반드시 용변을 잘 가리는 날이 올 테니까요. 한편으로는 애초에 반려견을 조금만 더 이해했더라면 이미 오래전에 배변문제를 해결했을 것을 그러지 못했던 자신을 반성하고 더 분발하는 계기로 삼아야 합니다.

# 배변은
# 감정의 리트머스다

    반려견의 행동은 스스로의 감정상태를 표현하곤 합니다. 그러기에 우리는 평소 반려견의 사소해보이는 행동도 유심히 관찰하는 습관을 가져야 하며, 반대로 반려견 주변에서 일어나는 일이나 무심코 하는 나의 행동이 반려견에게는 어떤 의미로 비춰지고 어떤 영향을 미치게 될지 세심한 관찰과 주의가 필요합니다. 노르웨이의 애견훈련사인 투리드 루가스Turid Rugaas는 이 점에 착안하여 반려견의 교육과 반려견과의 교감에 혁명적인 변화를 가져온 카밍시그널calming signal 이론을 주창하여 반려견 교육에 커다란 변화의 물결을 가져왔습니다.

    반려견의 배변도 단순한 배설행위에 그치는 것이 아니라 현재의 감정상태를 표현하는 행동 중 하나입니다. 반려견의 배변은 상대방의 공격성을 차단cut off하거나 완화calm down하려는 카밍시그널의 일종이며, 스트레스나 불안감, 흥분 등 감정상태를 표현하는 행동일 수 있습니다. 한 가지 예로 반려견이 어떤 상황이나 대상 앞에서 오줌을 지리는 행동은 스스로 배를 뒤집는 행동과 의미가 유사합니다. 오줌을 지리는 행동은 '혼내지 마세요', '공격하지 마세요', '나는 당신과 싸울 생각이 없어요', '그냥 가 주세요'라는 의미를 내포하고 있습니다. 흥분과 불안감, 스트레스를 표현하는 의미로 오줌을 지리기도 합니다. 오줌을 지리는 행위뿐 아니라 다양한 상황에서 나타나는 평범해보이는 배변행위도 스트레스나 불안감, 흥분 등 그때그때의 감정상태를 표현하고 있음을 잊어서는 안 됩니다.

평소 반려견의 행동을 유심히 관찰하면 배변이 반려견의 심리나 감정상태와 참으로 밀접하고 예민하게 연관되어있음을 발견할 수 있습니다. 반려견의 배변교육이나 배변행위를 논할 때는 반려견의 심리나 감정상태를 배제할 수 없을 정도로 둘은 불가분의 상관관계를 가집니다. 다르게 표현하면, 반려견의 심리나 감정상태를 배제한 배변교육은 무의미할 뿐 아니라 만족할 만한 결과를 얻을 수도 없게 됩니다.

필자가 가정을 방문하면 느닷없이 용변을 보는 반려견들의 모습을 자주 발견할 수 있습니다. 이런 모습도 자세히 관찰하지 않으면 아무런 의미 없는 행동으로 여기고 간과하기 쉽지만 배변행위가 반려견의 감정상태와 불가분의 관계가 있다는 점을 아는 사람이라면 이를 온전히 이해할 수 있습니다. 낯선 사람이 방문했기 때문에 느끼는 약간의 두려움과 긴장, 흥분을 용변을 보는 행위로 표현하고 있는 까닭입니다.

제가 키우는 시츄 '토리' 얘기를 소개하겠습니다. 저의 아들녀석은 대학생입니다. 기숙사에서 생활하는 까닭에 학기 중에는 주말이면 2~3주에 한 번씩 집에 와서 이틀 정도 머물다가 다시 기숙사로 돌아갑니다. 평소 정해진 화장실장소에서 배변을 잘 가리던 토리가 어느 날 갑자기 소변을 엉뚱한 곳에 보는 거였습니다. 최근에 달라진 것이 무엇일까 차분히 생각해보자 이내 그 이유를 알 수 있었습니다. 바로 평소에는 보이지 않던 아들 녀석이 갑자기 나타나 심리적으로 흥분하고 불안정해진 탓이었습니다. 아들 녀석이 다시 학교로 돌아가자 언제 그랬냐는 듯 토리의 배변실수는 없어졌으니까요.

이렇듯 반려견의 배변은 감정의 바로미터barometer입니다. 감정의 리트머스litmus입니다. 스트레스의 표현이기도 합니다. 이 점을 제대로 이해하면 배변교육을 억지로 시키지 않아도 되는 경우가 더 많다는 사실을 깨달을 수 있습니다. 또한 배변교육을 강제로 시켜선 안 된다는 사실을 이해할 수 있습니다. 배변교육만 열심히 시킨다고 해서 다양한 배변문제를 해결할 수 없다는 사실을 알 수 있습니다.

# 바이오피드백 biofeedback

앞에서 우리는 반려견의 '배변은 감정의 리트머스다'라고 표현했습니다. 그만큼 배변과 감정상태는 예민하고도 밀접하게 관련되어 있습니다. 배변행위를 통해 그때그때 반려견의 감정상태, 심리상태를 짐작할 수 있습니다. 배변을 잘 가리던 반려견이 어느 순간 갑자기 엉뚱한 곳에 실수를 반복한다면 그 반려견은 현재 어떤 이유로 힘들어하고 있다는 사실을 유추할 수 있습니다. 감정적으로 불안정한 상태이거나 심리적으로 불안감, 스트레스를 겪고 있을 가능성이 높다고 짐작할 수 있습니다.

이런 중요한 사실을 보다 적극적으로 반려견과의 생활과 반려견 교육에 활용하는 방법은 없을까요? 배변을 통해 반려견의 감정상태나 심리상태를 짐작하는 데 그치는 것이 아니라 배변행위를 문제해결의 단서로 활용할 필요가 있다고 생각합니다. 그러자면 평소 반려견의 배변행위에 관심을 기울여야 합니다. 배변행위에 문제점은 없는지, 이상행동은 없는지, 평소와 다른 변화는 없는지, 실수는 없는지, 배변실수를 한다면 언제 어떻게 하는지 등을 꾸준하고 면밀히 체크할 필요가 있습니다. 이런 관찰을 통해 문제점이 발견되고 변화를 감지했다면 그 원인이 무엇인지를 파악하여 적절한 조치를 취해줘야 합니다. 배변행위를 통해 여러 가지 문제를 진단하고 예방하며 치료·해결할 수 있습니다. 배변행위를 문제해결의 단초로 활용할 수 있습니다. 이것은 배변에 바이오피드백biofeedback* 원리를 적용하는 것과 유사합니다.

배변행위는 반려견의 감정상태를 짐작하여 배변교육에 활용하는 단서와 수단에 그치는 것이 아니라 다른 모든 반려견 교육과 문제해결 및 생활전반을 개선하기 위한 자료로 활용할 수 있습니다. 그러므로 우리는 배변행위가 반려견의 감정의 반영이나 결과물이라는 사실을 알고 이를 배변교육에 활용하고, 배변행위의 꾸준한 관찰을 통하여 배변교육뿐 아니라 반려견의 전반적인 행동과 삶을 개선·변화시키는 적극적인 단계로까지 이해의 폭을 넓혀야 합니다.

---

\* 의료계에서 주로 사용되는 용어이다. 호흡, 맥박 등 자율신경계의 생리적인 변화를 알기 쉬운 신호로 변환하여 대상자에게 전달하고 이를 통해 목표로 삼는 자율신경계의 무의식적 반응을 의식적으로 조절하고자 하는 치료법 또는 교육·훈련법을 말한다.

# 배변교육도
# 다른 교육과 다르지 않다

　큰 틀에서 보면 배변교육도 다른 교육과 다르지 않습니다. 반려견들은 기본적으로 자기 행동에 대한 결과를 통해 그 행동을 계속할지, 중단할지를 결정합니다. 어떤 행동에 대한 결과나 주변 반응이 호의적이거나 보상이 주어지면 자발적으로 그 행동을 계속하려는 반면, 행동에 대한 결과나 주변 반응이 비호의적이거나 보상이 주어지지 않고 반응이 없게 되면 그 행동을 하지 않거나 멈추게 됩니다. 그러므로 반려견을 교육하려면 유도 등의 방법으로 내가 원하는 행동을 할 수 있게 도와주고 원하는 행동을 하면 그 행동을 보상함으로써 내가 원하는 행동을 알려주고 이해시켜주며, 그 행동의 발생 빈도와 확률을 높여 습관적이고 고정적인 행동이 되도록 하면 됩니다. 배변교육도 반려견들의 이런 학습원리 내지 행동원리를 이해하고 활용하면 얼마든지 가두지 않고 혼내지 않아도 됩니다. 강제로 배변훈련을 시키지 않아도 된다는 것입니다.

그런데도 많은 사람들이 혼을 내기도 하고 무작정 울타리에 가둬서 배변교육을 하는 이유는 뭘까요? 성급한 결과를 기대하기 때문이기도 하지만, 무엇보다도 반려견들의 위와 같은 학습원리, 행동원리를 이해하지 못하고 그에 대한 믿음이나 확신이 없는 까닭입니다. 쉽게 말해서, 반려견들은 멍청하고 지능이 낮은 동물이기 때문에 보상을 통해 배변장소를 알려주고 이해시켜주는 방식을 이해할 수 없으리라 여기고, 잘못에 대해 혼내고 그때그때 일일이 행동을 통제해야 배변교육이 가능하리라 생각하기 때문입니다. 그러나 이런 성급함과 반려견들의 학습능력이나 행동원리에 대한 불신이 자연스런 배변교육을 방해하고 망치는 주범이 됩니다.

다시 말하지만, 배변교육도 다른 교육과 다르지 않습니다. 원리에 있어서는 다르지 않지만, 배변교육이 다른 교육과 다르게 여겨지고 더 어려우며 오랜 시간이 필요한 것은 이 교육이 가진 몇 가지 특수성 때문입니다.

용변을 보는 행위가 생리적인 현상이기 때문에 다른 행동들과 달리 의지대로 조절하거나 유도·통제하기 쉽지 않다는 점, 용변을 보는 행위가 자주 있는 일이 아니라서 칭찬과 보상으로 그 행동을 강화하고자 해도 그럴 기회 자체가 많지 않다는 점, 더구나 이따금씩 보는 용변 중에서도 실수하는 경우가 더 많다면 바르게 용변하는 경우를 칭찬하고 보상할 수 있는 기회는 더욱 제한적이라는 점 등이 배변교육을 어렵게 하고 다른 교육에 비해 더 많은 노력과 시간을 필요로 합니다.

배변교육과 '앉아'라는 동작을 가르치는 경우를 비교해서 생각해보면 쉽게 이해할 수 있을 것입니다. '앉아'라는 동작은 10분이라는 짧은 시간 동안에도 수십 차례 이상 사람의 의도대로 그 동작을 유도하고 보상하여 단시간 내에 가르칠 수 있지만, 배변교육은 그럴 수 없습니다. 따라서 반려견의 배변교육을 위해서는 꾸준한 노력과 상당한 기간이 필요합니다. 배변교육을 하면서 성급한 결과를 기대하여 반려견을 닦달하고 화내고 혼내는 행동을 해서는 절대로 안 되는 이유이기도 합니다.

위에서 말한 대로 원리에서는 배변교육도 다른 교육에 비해 특별할 것이 없습니다. 배변교육과 다른 교육의 원리는 다르지 않습니다. 그러므로 반려견들의 학습원리 내지 행동원리를 이해하고 활용한다면, 반려견을 가두지 않고 혼내지 않아도 배변교육을 할 수 있습니다. 배변훈련을 강제로 시키지 않아도 됩니다. 이처럼 다른 교육과 배변교육의 공통점과 차이점을 인식하고, 인내심을 가지고 충분한 기간을 두고 노력하며, 점차적으로

확률을 높여 나간다는 느긋한 생각으로 배변교육에 임한다면 반드시 성공할 수 있습니다.

# 혼내는 배변교육은
# 절대로 하지 마라

　배변교육을 해달라는 의뢰를 받아 가정을 방문해서 문제의 강아지들을 만나보면 안타까울 때가 많습니다. 자연스레 배변교육을 했더라면 현재의 상태가 될 정도로 배변행동이 나빠지지 않았을 텐데 하는 생각이 들 때가 한두 번이 아닙니다. 나아가 보호자가 반려견과 반려견의 배변습성 내지 배변교육의 원리에 대해 이해하고 조금만 노력했더라면 이 문제가 쉽게 해결되었을 것이라는 아쉬움이 들곤 합니다.

　특히, 안타까운 일은 부모의 마음으로 너그러이 이해하고 기다려줘야 하는데도 반려견의 배변실수를 조금도 용납하지 않고 잘못을 그때그때 알려줘야 한다는 잘못된 생각으로 번번이 반려견을 혼내거나 때려서 배변훈련을 시키려 한 경우입니다. 이렇게 반복적으로 혼이 난 반려견은 배변행위와 관련하여 여러 가지 부작용을 겪게 됩니다. 사실 배변교육이 어려운 케이스의 다수가 배변을 가리지 못한다는 이유로 보호자로부터 오랜 기간 지속적으로 혼이 난 경우입니다. 이런 반려견들은 배변행위와 관련된 심각한 트라우마trauma 때문에 배변교육을 하기가 쉽지 않고 정상적인 배변행위를 하기까지 상당한 시일이 소요되는 것이 보통입니다. 필자가 이 책에서 설명하는 가두지 않고 혼내지 않아도 되는 배변교육을 성공하기 위한 필수적인 전제조건도 절대로 혼내지 않아야 한다는 것입니다.* 불행히도 이미 여러 차례 배변 때문에 혼이 난 반려견은 혼난 적이 없는 반려견에 비해 배변교육에 더 많은 시일이 소요되고 성공하기까지 더 큰 어려움을 겪을 가능성이 크다는 점을 잊지 말아야 합니다. 심한 경우 혼을 낸 부작용으로 자연스런 배변교육이 불가능할 수도 있습니다.

혼내는 배변교육은 절대로 하지 말아야 합니다. 혼을 내면 상황이 나아지기는커녕 갈수록 악화될 뿐 아니라, 수없이 많은 부작용을 불러올 수 있습니다. 아래의 행동은 배변행위를 혼내서 가르치려고 할 때 나타날 수 있는 이상행동이나 부작용입니다.

1) 혼내는 행동은 그 자체가 잘못된 배변행위에 대한 반응이나

---

\* 3장 '배변교육이 효과 없는 경우도 있을까?' 참조.

관심, 즉 보상으로 작용하여 잘못된 배변행위를 더 부추길 수 있습니다.
2) 혼나는 것 자체가 스트레스로 작용하여, 그 스트레스 때문에 배변교육이 더 어려울 수 있습니다. 구체적으로 설명하면 다음과 같습니다.

어떤 특정한 장소나 상황에서 반려견이 배변을 실수하는 모습을 목격하고 고함을 지르거나 혼을 내면 반려견은 그 특정한 장소나 상황에서 심한 스트레스나 충격을 받을 가능성이 높습니다. 그때 받은 스트레스나 충격은 반려견의 뇌리에 기억되어 쉽게 잊히지 않게 됩니다. 그 결과 배변행위 자체에 스트레스를 느끼게 될 뿐 아니라 예전에 혼이 난 장소나 상황을 다시 맞닥뜨리게 되면 그때의 스트레스와 충격을 고스란히 기억하게 됩니다. 스트레스나 불안감은 배변행위를 촉발하는 강력한 촉매제입니다. 당연한 결과로 반려견은 예전에 혼이 난 특정한 장소나 상황에서 똑같이 반복적으로 배변실수를 하게 됩니다. 이런 배변실수는 혼이 나면 날수록 그 빈도와 강도가 늘어나게 됩니다.

상상해보세요. 누군가 내게 똥오줌을 누려고 할 때마다 따라다니면서 감시하고 잔소리하고 혼을 낸다면 얼마나 끔찍한 일일까요? 똥오줌이 마려울 때마다, 똥오줌 생각만 해도 치가 떨리고 가슴이 두근거리며 불안하고 스트레스를 받지 않을까요? 이런 스트레스는 여러 가지 부작용을 일으킬 수밖에 없으며, 그 스트레스로 말미암아 성공적인 배변교육은 더욱 멀어지게 될 것입니다.

3) 숨어서 배변하거나 사람이 보지 않을 때 배변하는 습성이 생기게 됩니다.
4) 정상적인 배변준비 동작을 보이지 않습니다. 냄새를 맡거나 장소를 고르며 빙글빙글 도는 등의 준비행동을 하지 않고, 느닷없이 똥오줌을 싸고 눈치를 보게 됩니다.
5) 똥을 한곳에 머물면서 누는 것이 아니라, 움직이면서 싸는 습성이 나타날 수 있습니다.
6) 자기가 싼 똥을 먹게 됩니다.
7) 엉뚱한 곳에 배변하게 되면 눈치를 보거나 겁을 먹고 숨게 됩니다. 이런 모습을 보고 사람들은 반려견이 자기가 잘못한 것을 알고도 계속 그런다고 오해하지만, 전혀 그렇지 않습니다. 잘못했다고 생각해서 눈치를 보거나 숨는 것이 아니라, 그런 상황에서 지금껏 수차례 혼이 났기 때문에 나타나는 학습된 행동일 따름입니다.
8) 반복된 야단은 반려견을 공격적이고 사나운 개로 만듭니다.
9) 자신의 행동에 자신감을 갖지 못하는, 겁 많고 자존감이 낮

은 반려견이 됩니다.
10) 사람과 반려견 사이의 신뢰관계에 금이 가게 됩니다.

어떻습니까? 배변을 가리지 못한다고 혼을 냈을 때 나타나는 부작용이 이렇게 많다는 사실에 놀라지 않으셨나요? 명심하십시오! 배변실수를 절대로 혼내선 안 된다는 사실을. 배변실수를 혼내지 않기만 해도 배변교육의 절반 이상은 성공한 것과 마찬가지라는 사실을. 혼내지 않으면 더 빨리 배변교육에 성공할 수 있다는 사실을.

# 무턱대고
# 가두지 마라

　예전에는 배변교육이라면 으레 반려견을 울타리에 가둬서 해야 하는 것으로 알고 있었습니다. 인터넷이나 강아지 훈련 책을 찾아봐도 그런 방식이 대부분이었습니다. 그래서 그것이 하나의 공식처럼 굳어지다시피 했습니다. 울타리를 치고 그 안에 강아지를 가두고 강아지 집과 밥그릇, 물그릇, 배변판이나 배변패드를 함께 넣어두고 배변판이나 배변패드에 용변을 보면 칭찬해주는 방식이 그것입니다. 이런 배변훈련 방식의 영향으로 반려견을 입양하면 무조건 울타리에 가둬두는 것부터 시작했습니다. 그러나 가둬서 하는 배변훈련 방식은 몇 가지 중대한 문제점을 지니고 있습니다.

1) 입양하자마자 좁은 울타리에 가두는 것은 어린 강아지에게는 상당한

충격과 스트레스를 주게 됩니다. 처음 입양되어 온 강아지는 어미 개와 동배의 다른 새끼 강아지와 분리되는 충격에 더하여 낯선 장소에 막 도착한 상태라 심리적으로 매우 불안정한 상태입니다. 누군가의 따뜻한 보살핌이 절실한 시기라고 할 수 있습니다. 자신을 돌봐줄 가족이 함께 있다는 안도감, 편안함을 심어주는 것이 중요하고 필요한 때라고 할 수 있습니다. 이런 때 무조건 처음부터 울타리에 가둬서 혼자 격리시키는 것은 심한 충격과 스트레스를 유발하고 여러 가지 부작용을 초래할 수 있습니다. 이런 충격과 스트레스의 영향으로 정상적인 배변활동에 오히려 악영향을 미치고 그 결과 아무 곳에나 배변하게 될 수 있습니다. 혼자 울타리에 가둬서 격리시키는 행동이 역으로 배변훈련을 실패하게 하는 원인으로 작용할 수 있다는 의미입니다.

2) 울타리에 가뒀다가 울타리 바깥으로 내보내주면 실내 아무 곳에나 배변하게 될 가능성이 더 높아집니다. 개들은 본능적으로 자신이 잠자고 밥 먹는 장소, 오래 머무는 장소에서는 배변을 하지 않고 그곳에서 떨어진 곳이나 그 반대편에 배변하려는 습성을 갖고 있습니다. 이런 본능적 습성 때문에 울타리에 가뒀다가 바깥으로 내보내주면 본능적으로 울타리 안쪽에서는 배변을 참고 있다가 울타리 바깥쪽 아무 곳에나 배변하

게 될 확률이 매우 높습니다. 그뿐만이 아닙니다. 좁은 울타리 안에 배변장소와 침실 및 식당장소를 함께 둔 까닭에 배변판이나 배변패드를 침실장소의 일부로 인식하는 혼동을 일으켜 울타리를 치우면 배변판이나 배변패드를 피해서 배변하는 웃지 못할 일이 벌어지게 됩니다.

3) 울타리에 가두는 배변훈련 방식은 반려견의 성장에 따른 활동범위 확대를 고려하지 않을 경우 실패할 위험성을 높이게 됩니다. 개들은 성장함에 따라 활동범위를 넓혀가게 됩니다. 아주 어린 강아지라면 좁은 공간에서 생활하면서 배변해도 큰 무리가 없겠지만 성장함에 따라 활동범위가 넓어지고 그에 따라 배변장소도 점점 확장되게 됩니다. 이 점을 고려하여 배변장소도 조금씩 변화를 줘야 합니다. 그런데 울타리 배변훈련 방식은 성장에 따른 활동범위 확대에 제대로 부응해주지 못하면 실패로 끝날 가능성이 높아집니다.

그러니 무턱대고 처음부터 울타리에 가두지 마세요. 입양하자마자 무턱대고 울타리에 가두는 행동이 자연스런 배변교육을 방해하거나 지연시키며 자연스런 배변행위의 장애요인으로 작용할 수 있습니다. 무턱대고 처음부터 울타리에 가두는 행동이 오히려 배변교육을 지연시키거나 실패하게 하는 요인으로 작용한다는 것입니다.

물론 울타리에 가두는 배변교육 방식이 순전히 "엉터리다", "잘못되었다"라고 말하긴 어렵습니다. 가두지 않고 배변교육을 하는 것이 정말 어려운 반려견의 경우나 가두지 않고 오랜 기간 시도해보았으나 좀처럼 나아지지 않는 반려견의 경우, 특수한 사정이 있는 경우 등에는 울타리 등을 이용하여 배변교육을 할 필요도 있다는 점을 부정하긴 어렵습니다. 그러나 위와 같은 요소를 고려하지 않고 처음부터 무턱대고 가둬서 배변교육을 하려는 시도는 바람직하지 않습니다. 더구나 앞에서 말한 대로 억지로 배변교육을 시키지 않아도 스스로 원하는 장소에 배변하는 개들이 실제로 더 많다는 점도 가두는 배변교육을 무턱대고 해서는 안 된다는 사실을 뒷받침합니다. 개들의 배변본능과 배변행위의 의미를 이해하고 자발적 행동원리 내지 학습원리를 이해한다면 얼마든지 가두지 않고 혼내지 않고도 배변교육에 성공할 수 있습니다. 풀어둬서 배변실수를 하면 어쩌나 하고 미리부터 두려워하며 가두지 마세요. 너그러운 마음으로 기다려 준다면 여러분의 반려견도 잘할 수 있습니다. 울타리에 가두지 않고 배변교육을 하면 심리적 안정감을 주고 스트레스를 유발하지 않아 오히려 더 빨리 배변교육에 성공할 수 있습니다.

개똥철학을 가져라?!
영역표시?
배변행위의 다양한 의미
배변행위의 의미 활용
구체적 활용사례

## 제2장

# '개가 배변한다는 것'의 의미

개가 배변한다는 것은 어떤 의미가 있을까요? 개들의 배변행위에는 단순한 노폐물의 배출, 배설행위 외에 다양한 의미가 내포되어 있습니다. 배변교육을 하고 여러 가지 배변문제를 해결하려면 먼저 개가 배변한다는 것의 의미를 알아야 합니다.

# 개똥철학을 가져라?!

"이럴 때 이런 행동을 하는 것은 무슨 의미일까? 왜 그런 걸까?" 우리 사람들은 개들의 행동이 어떤 의미인지 늘 궁금해합니다. 개들의 행동을 이해하기 위해 노력하고 행동을 하나하나 분석하려고 애쓰기도 합니다. 칭찬할 만한 태도입니다.

실제로 개들의 행동을 관찰하면 각각의 행동들이 어떤 메시지를 전달하기도 하고 자신의 감정상태를 표현하고 있음을 알 수 있습니다. 이를 몸짓언어, 바디랭귀지 body language라고 합니다. 개들은 몸짓언어를 통해 자신의 의도를 상대방에게 전달하기도 하고 자신의 감정상태나 심리상태를 무의식중에 표출합니다. 반려견과 더 깊은 교감을 하고 여러 가지 문제행동을 예방하려면 반려견의 몸짓언어에 촉각을 곤두세우고 관찰하는 습관을 들여야 합니다. 이는 반려견의 보호자라면 응당 해야 하는 의무이자 현명한 보호자가 되기 위한 필수요건이라고 할 수 있습니다.

반려견의 배변행위도 수많은 몸짓언어 중 하나입니다. 배변은 카밍시그널calming signal의 하나이기도 합니다. 그들은 배변행위를 통해서 여러 가지 다양한 감정표현이나 의사표현을 합니다. 그래서 우리는 항상 반려견의 배변행위를 유심히 관찰해야 합니다. 배변행위상의 변화나 특이점이 없는지, 평소와 다른 배변행위를 하는 건 아닌지 등을 관찰하는 태도를 견지해야 합니다. 변화나 특이점이 발견된다면 그 의미와 이유를 파악하여 적절히 조치해야 합니다.

조선시대에는 왕의 똥을 '매화梅花'라고 했습니다. 왕이 용변을 보는 일종의 이동식 좌변기를 '매화틀'이라고 불렀는데, 매화틀에서 왕이 용변을 보고 나면 어의가 이를 확인하고 손으로 찍어 맛을 보기도 했다고 합니다. 매일 왕의 용변을 직접 관찰하고 이를 통해 건강상태를 체크하려는 목적이었다고 볼 수 있습니다. 반려견을 기르는 보호자도 왕의 똥을 관찰하던 어의의 심정으로 반려견들의 배변행위를 항상 유심히 관찰하는 태도를 가지는 것이 좋습니다.

반려견의 배변행위는 반려견의 신체적 건강상태는 물론 정신적인 건강상태도 체크할 수 있는 중요한 단서가 되기 때문입니다. 그러고 보니 '개똥철학'이란 바로 이런 걸 두고 하는 말이네요?! 개의 배변행위를 관찰하고 그 의미를 파악하는 것…. 말 그대로 이것이 개똥철학이 아니고 뭘까요?

## 영역표시?

개들의 배변행위에 처음으로 중요한 의미를 부여한 사람은 비교행동학의 창시자이자 노벨 생리의학상을 수상한 동물학자 콘라드 로렌츠 Konrad Z. Lorenz입니다. 그는 개가 오줌을 누는 행동을 '영역표시'라고 주장했습니다. 개가 다리를 들고 오줌을 누는 것은 '여기는 내 구역이야'라는 의미를 표현하는 행동이라는 것입니다. 로렌츠의 이런 주장은 그 이론적 근거가 증명되지 않은 '추측' 또는 '가설假設'에 지나지 않음에도 대부분의 사람들은 개가 다리를 들고 오줌을 싸는 모습을 보기만 해도 '영역표시'를 한다는 말을 무심결에 뱉을 만큼 질기고 단단한 편견에 사로잡혀 있는 것이 현실입니다.

그러나 반려견의 배변행위는 상황이나 장소, 그리고 각각의 반려견에 따라 그 의미나 이유가 다르고 다양합니다. 개가 다리를 들고 오줌을 누는 행동을 영역표시로 단정 짓는 일은 개의 모든 행동을 서열관계로 보거나 해석하려는 시대착오적이고 편향된 서열주장과 그 맥락을 같이하는 입장이라고 볼 수 있습니다. 영역표시에 관한 내용은 제5장 '영역표시의 문제'에서 좀 더 자세히 살펴보도록 하겠습니다.

# 배변행위의
# 다양한 의미

개의 배변행위를 일률적으로 '영역표시'라고 해석하는 것은 편협하고 위험한 태도입니다. 개의 배변행위에 대한 편협한 해석과 잘못된 편견은 부적절한 대응으로 이어져 문제를 악화시키고 종국에는 반려견과의 신뢰관계마저 무너뜨리는 부작용을 불러올 수 있으며, 배변행위에 대한 다양하고 발전적 해석을 방해하게 됩니다.

개의 배변행위는 상황이나 장소에 따라 다양한 의미와 이유를 지니고 있다고 봐야 합니다. 이를 좀 더 깊이 정확하게 이해하고 연구하는 것은 앞으로의 과제라 할 수 있겠지요. 배변행위의 다양한 의미를 살펴보면 다음과 같습니다.

### 1. 배변은 보상이다

배변행위는 그 자체가 보상의 일종으로 작용할 수 있습니다. 배변을 하면 생리적 배설욕구가 충족되고 시원하고 상쾌한 기분을 느낄 수 있습니다. 이런 이유로 배변교육 시 배변실수를 최소화하도록 유도하고 환경을 조성하는 것이 중요합니다. 원하지 않는 장소에 배변실수를 자꾸 하도록 하는 것 자체가 개에게는 보상으로 작용하여 그 장소에 배변실수를 반복하게 하는 유발요인이 될 수 있기 때문입니다.

### 2. 배변은 감정과 따로 논할 수 없다

앞에서 '배변은 감정의 리트머스다'라는 표현을 한 적이 있듯이 배변교육을 하면서 반려견의 감정이나 심리문제를 제외하고는 제대로 된 교육을 하는 것이 불가능하다고 할 수 있을 정도로 배변과 감정은 밀접하게 관련되어 있습니다. 배변은 곧 감정입니다. 배변을 가리지 못하는 개들의 대부분이 배변 외적 문제인 감정이나 심리적 문제를 갖고 있다는 사실을 잊어서는 안 됩니다.

### 3. 배변은 불안감과 스트레스의 표현이다

배변은 감정과 밀접한 관련을 가지고 있습니다. 그중에서도 특히 불안감과 스트레스와 직접적으로 연결되어 있습니다. 불안하거나 스트레스를 받는 상황이라면 배변을 할 가능성이 매우 높습니다. 그러기에 반려견이 큰 실수 없이 배변을 잘 가리도록 하자면 평소 반려견의 불안요소나 스트레스 요인을 잘 관찰하고 관리해야 합니다. 반대로 반려견의 배변에 갑작스런 문제가 생긴다면 반려견이 힘들어하거나 불안, 스트레스를 겪고 있는 것은 아닌지 생활전반을 점검해야 합니다.


### 4. 배변실수는 힘들다는 표현일 수 있다

배변을 잘 가리던 반려견이 어느 순간부터 실수를 반복한다면 그 반려견은 불안감이나 스트레스로 힘들어할 가능성이 큽니다. 불안감과 스트레스를 감당하지 못해 비정상적인 배변행위를 통해 힘들다는 표현을 한다고 볼 수 있습니다. 배변교육을 해도 좀처럼 나아지지 않는 반려견의 경우도 마찬가지입니다. 그런 반려견은 배변교육의 문제라기보다는 다른 원인에 의해 힘들어하고 그것을 배변실수로 표현하고 있다고 볼 수 있습니다. 배변실수를 반복하는 반려견은 비정상적인 배변행위를 통해 자신이 현재 힘든 상황임을 외부에 알리고 힘든 상황에서 자신을 구해주기를 바라는 마음을 무의식중에 표현하는 것이라고 볼 수 있습니다. 따라서 배변을 잘 가리던 반려견이 배변을 실수하고 배변교육을 해도 좀처럼 나아지지 않는 반려견이라면 그 반려견이 현재 힘들어하는 건 아닌지, 무엇 때문에 힘들어하는지를 꼼꼼히 살펴 그 원인을 제거하고 적절한 조치를 취해줘야 합니다.

### 5. 배변은 스트레스를 줄여준다

스트레스를 받으면 배변한다는 사실을 거꾸로 뒤집어 생각해보면 배변행위가 스트레스를 줄여준다는 사실을 알 수 있습니다. 스트레스를 받으면 배변한다는 것은 쌓인 스트레스를 배변행위를 통해 해소하거나 발산하는 과정이라고 할 수 있기 때문입니다. 이 사실에서 우리는 배변행위를 스트레스 해소를 위한 적극적인 수단으로 활용할 필요가 있음을 유추할 수 있습니다. 규칙적이고 꾸준한 산책과 그를 통한 산책 중 배변행위 촉진이 중요한 이유가 바로 여기에 있습니다.

## 6. 배변은 익숙함과 낯설음의 표현이다

개들은 익숙한 장소에 배변하는 습성이 있습니다. 그래서 생소하고 낯선 장소에서는 배변하지 않으려는 경향이 있습니다. 평소 규칙적인 산책을 하지 못한 반려견 중에는 밖에서 전혀 용변을 보지 않다가 익숙한 실내에 들어오면 배변하는 경우도 있습니다. 물론 이런 개들도 꾸준하고 규칙적으로 산책하면 실외 환경에 익숙해지는 것과 동시에 자신감이 커져 바깥에서도 배변하는 건강한 개가 될 수 있습니다. 이 사실에서 우리는 어떤 점을 알 수 있을까요? 배변교육 시 배변장소에 익숙하게 하는 과정이 선행되어야 한다는 사실입니다.

반대로 익숙하지 않은 낯선 장소에서 배변하려는 습성도 있습니다. 거실에서 주로 생활하는 반려견이나 반려견이 침실에 들어오는 것을 막기 위해 평소 방문을 닫고 생활하는 가정의 반려견 중에는 잠깐이라도 방문이 열려있으면 그 방에 들어가 배변하는 경우가 많은데 이런 배변습성과 관련이 깊습니다. 이처럼 낯선 장소에 배변하는 행동은 낯선 냄새에 이끌려 배변하는 것일 수도 있고, 낯선 장소에 대한 긴장감이나 불안감의 표현과 밀접한 관련이 있을 수도 있습니다.

## 7. 냄새 맡는 행동과 배변은 실과 바늘의 관계와 같다

우리는 종종 반려견들이 배변하기 전 냄새를 맡으며 이리저리 헤매거나 빙글빙글 도는 모습을 목격합니다. 집중해서 냄새를 맡는 모습을 목격하면 곧 용변을 보려나 보다 하고 예상하게 됩니다. 이런 예상이나 짐작은 대부분 적중하곤 하죠. 냄새 맡는 행동과 배변은 매우 밀접하게 연관되어 있습니다. 개가 냄새 맡는 행동과 배변의 생리학적 메커니즘에 대한 체계적인 연구결과는 없지만 냄새를 맡는 행동이 배변욕구나 배변중추를 자극하여 배변을 촉진할 가능성이 매우 높습니다.

이와 관련된 필자의 경험담을 소개하겠습니다. 제가 가정을 방문하여 반려견에게 노즈워크nose work 교육을 하다 보면 눈에 띄는 행동을 자주 보게 됩니다. 냄새 맡기에 열중하던 반려견이 도중에 화장실로 급히 뛰어가 오줌이나 똥을 누고 나오는 행동을 하는 것입니다. 그리곤 다시 계속해서 노즈워크에 열중합니다. 이런 행동에서 우리는 냄새 맡는 행동과 배변행위 간의 깊은 연관성을 짐작할 수 있습니다. 이 상관관계를 적극적으로 활용하면 배변교육에 유용하게 접목할 수 있습니다.

한편, 평소 냄새 맡는 행동을 가로막거나 훼손하는 잘못을 저질러서는 안 됩니다. 대표적인 예로 엉뚱한 곳에 배변을 한다고 혼을 내면 냄새를 맡고 배변하는 자연스런 행동을 하지 않을 수 있습니다.

## 8. 냄새가 강한 곳에 배변한다

개들은 냄새가 강한 곳에 배변하는 경향이 있습니다. 앞에서 말한 것처럼 냄새 맡는 행동과 배변의 밀접한 관계에 기인한 당연한 결과라고 볼 수 있습니다. 뛰어난 후각기능을 활용하여 냄새를 맡다가 강한 냄새에 이끌려 배변하기 쉬운 것은 전혀 이상할 것이 없습니다. 산책을 하다 보면 다른 개들이 많이 배변한 장소에 주로 배변하는 것도 자신의 메시지를 전달하려는 의도도 있겠지만 그곳의 강한 냄새에 이끌려 배변하게 될 가능성도 배제할 수 없습니다. 배변유도제도 이런 원리를 이용한 것입니다. 이런 이유 때문에 엉뚱한 장소에 배변했을 때에는 냄새제거제 등을 이용하여 깨끗이 청소해야 합니다. 그렇지 않을 경우 남아있는 배변냄새에 이끌려 같은 장소에 배변실수를 반복할 가능성이 높기 때문입니다. 냄새가 강한 곳에 배변하려는 개들의 이런 습성은 배변교육에 중요한 단서를 제공하며 유용하게 활용할 수 있습니다.

## 9. 배변은 메시지를 전달한다

개들은 배변을 통해 여러 가지 메시지를 상대방이나 외부에 전달합니다. 개들이 배변, 그중에서도 특히 오줌을 통해 전달하는 메시지에는 여러 가지가 있을 수 있습니다. 가장 대표적인 메시지는 자신의 존재를 상대방이나 외부에 알리는 것입니다. 앞에서 우리는 다리를 들고 오줌을 싸는 행동을 '영역표시'라고 말하는 콘라드 로렌츠의 주장을 언급한 적이 있습니다. 그러나 그의 주장은 현실과 거리가 멀고 설득력이 부족합니다. 개가 거리에서 다리를 들고 오줌을 싸는 행동을 반복하는 가장 주된 이유는 자신의 존재를 상대방이나 외부에 알리는 의미가 강하게 내포되어 있다고 보는 것이 정확합니다. 자신이 여기에 있다는 사실과 더불어 나이는 어느 정도인지, 수컷인지 암컷인지, 건강상태를 어떠한지 등의 정보를 다른 존재가 알 수 있도록 눈에 띄기 쉬운 장소에 표시하는 행위입니다. 자신이 전달하려는 메시지는 눈에 잘 띄고 더 높은 장소일수록, 가장 최근에 남겨둔 메시지일수록 다른 상대방이 쉽게 인지할 수 있을 것입니다. 그러기에 개들은 전봇대나 큰 나무, 모퉁이 등 눈에 잘 띄는 장소에 한쪽 다리를 들어 가능한 높이, 그곳을 지나칠 때마다 자주 반복해서 오줌을 싸서 자신의 존재를 알리려고 합니다. 개들이 자주 오줌을 싸는 장소는 '공공게시판'과 같은 역할을 하게

64　강아지 배변훈련 시키지 마라

됩니다. '우체통'이나 '우편물교환소'라고 해도 될 것 같습니다.

이런 관점에서 거리에서 다리를 들고 오줌을 싸는 행동을 이해한다면 개와 개 사이의 관계를 갈등관계나 강자에 의한 힘의 논리로만 이해할 필요가 없게 되어 상호협력관계나 동료관계로 이해할 수 있는 근거가 됩니다. 아울러 반려견과 매일 규칙적으로 산책하며 거리에서 오줌을 쌀 기회를 주는 것이 보호자인 사람으로서 반드시 해야 할 중요한 일임을 알 수 있게 됩니다. 매일 규칙적으로 산책을 시켜주지 않아 개로 하여금 배변을 통하여 자신의 존재를 알리고 상대방의 존재를 인지하며 상호 메시지를 주고받지 못하게 하는 것은 개를 외부와 단절시키고 고립시키는 고통을 주기 때문입니다. 그것은 개를 외부와 단절된 좁은 장소에 가둬주는 것과 마찬가지의 스트레스와 좌절감, 고립감 등의 부작용을 주는 일이 아닐 수 없습니다. 죄인을 감옥에 가둬두는 것과 다를 바 없습니다. 산책을 시켜주지 않는 것은 죄 없는 반려견을 감옥에 가둬두는 일입니다.

배변을 통해 자신의 존재를 알리는 외에 또 어떤 메시지를 전달할까요? 개들은 배변행위를 통해 힘들다거나 무섭다는 자신의 현재의 감정상태를 표현하거나 메시지를 전달하기도 합니다. 따라서 자신의 반려견이 평소와 달리 배변실수가 잦거나 이상행동을 보인다면 힘들어하는 건 아닌지, 불안요소가 없는지 점검해볼 필요가 있습니다. 이처럼 우리는 배변을 통해 개들이 전달하고자 하는 메시지에 귀를 기울여야 합니다.

### 10. 배변은 카밍시그널이다

　배변은 감정의 리트머스이고 스트레스의 표현이라는 것과 다르지 않은 내용이지만 그만큼 중요하기에 다시 한 번 강조하겠습니다. 배변은 카밍시그널이기도 합니다. 대표적인 행동이 상대방이 접근하거나 만지려 들면 배를 뒤집거나 오줌을 지리기도 하는 것입니다. 이것은 상대방의 위협적인 모습에 자신은 공격의사가 없음을 표현하여 상대방의 공격성을 차단하거나 완화하려는 유화적인 제스처의 카밍시그널 중 하나라고 볼 수 있습니다. 불안하거나 스트레스를 받으면 코로 냄새를 맡고 동시에 배변을 하면서 불안감과 스트레스를 표현한다는 점도 배변이 카밍시그널이라는 사실을 뒷받침합니다.

### 11. 특별하거나 중요한 곳에 배변한다

　개들은 특별하다고 여기거나 특별해 보이는 곳, 다른 곳과 구별되는 곳, 중요하다고 여기는 곳에 배변하려는 경향이 강합니다. 산책을 다니다가 거리에서 다른 개를 만났습니다. 그 장소는 개에게 특별하거나 중요하다고 여겨질 가능성이 높고, 그 결과 그곳에 오줌을 싸기 쉽습니다. 물론 이때 다른 개를 만난 심리적 불안감 때문에 오줌을 싸기도 합니다. 이처럼 개들은 다른 곳과 달라 보이는 곳, 무언가 특별하거나 중요해 보이는 곳(다른 개가 똥오줌을 많이 싸 놓은 곳, 낯선 냄새가 많이 나는 곳 등), 이정표가 될 만한 곳에 쉽게 배변욕구를 느낍니다. 거리의 모퉁이, 전봇대, 큰 나무 등에 오줌을 잘 싸는 이유도 이런 이유와 무관하지 않습니다. 마찬가지로 실내에서 배변판이나 배변패드를 깔아두면 억지로 가르치지 않아도 그곳에서 용변을 보는 일이 흔합니다. 배변판이나 배변패드는 실내의 다른 바닥과 달라 보이거나 구별된 느낌을 받기 때문입니다. 발을 닦는 발판 위에 배변실수를 하는 이유이기도 합니다.

이런 배변 습성을 활용하면 배변교육을 비교적 쉽게 할 수 있습니다. 배변하기를 원하는 장소에 다른 곳과 구별되는 특별한 느낌을 주거나 중요하다는 느낌을 심어주면 배변을 유도하는 데 도움이 될 것이기 때문입니다.

## 12. 잠자고 밥 먹는 곳 이외의 장소에 배변하고 싶어한다

배변교육을 할 때 정말 중요하고 잊지 말아야 할 배변본능 중 하나는 자신이 잠을 자거나 밥과 물을 먹는 장소에는 배변을 하지 않으려 한다는 점입니다. 이런 본능적 습성 때문에 개들은 자신이 밥을 먹고 잠을 자는 장소의 반대편이나 그곳에서 가능한 먼 장소에 배변하려는 경향이 강합니다. 사실 이 습성은 개들뿐 아니라 사람을 비롯한 거의 모든 동물들의 공통적인 본능이기도 합니다. 하물며 알에서 갓 부화한 새끼 새들도 용변을 볼 때에는 엉덩이를 둥지 바깥쪽으로 내밀어 배설하는 모습을 발견할 수 있습니다. 실내에서 기르는 반려견과 산책을 나가면 대부분의 개들이 여러 차례 용변을 보게 됩니다. 산책을 나가기 직전에 실내에서 이미 배변한 반려견마저도 산책 중에 다시 수차례 배변을 하는 모습을 쉽게 관찰할 수 있습니다. 바로 이런 본능적 습성이 작용하기 때문입니다.

잠자고 밥 먹는 곳에서 배변하지 않으려는 습성은 배변교육의 중요한 단서가 됩니다. 방법 여하를 막론하고 모든 종류의 배변교육은 이런 배변본능을 활용하는 것에서부터 시작한다고 할 수 있습니다. 그러므로 우리는 개들이 본능적으로 타고난 이런 습성을 잃어버리지 않도록 주의하고 배려해야 합니다. 좁은 장소에 오랫동안 가둬서 방치하거나 똥오줌을 가리지 못한다고 혼을 내는 행동은 이런 중요한 배변본능을 잃어버리게 하는 어리석고도 몰지각한 짓입니다.

# 배변행위의
# 의미 활용

앞에서 살펴본 대로 개가 배변하는 의미는 다양합니다. 장소나 상황에 따라 그 의미를 달리하기도 하고 똑같은 상황에서도 각각의 개에 따라 다른 의미를 가질 수 있습니다. 실제로는 여러 가지 의미와 이유가 복합되어 있을 가능성이 큽니다.

그러므로 반려견의 배변행위를 일률적으로 해석하고 단정 짓기보다는 배변행위의 다양한 의미를 생각하며 열린 마음으로 관찰하는 습관을 들여야 합니다. 그때그때의 배변행위가 어떤 의미를 가지는지, 어떤 까닭인지, 어떤 특이점과 변화가 있는지 주변 상황과 관련지어 늘 관심 있게 지켜보는 태도를 견지할 필요가 있습니다. 나아가 장차 반려견의 배변행위의 의미나 이유에 대한 깊이 있는 관찰과 연구가 필요합니다.

개가 배변하는 다양한 의미를 이해하고 그 행위를 늘 관심 있게 관찰하며 이를 활용하는 것은 배변실수를 줄이고 배변교육에 성공하기 위한 중요한 전제가 됩니다.

# 구체적 활용사례

개가 배변하는 의미는 다양합니다. 상황이나 장소에 따라, 각각의 개에 따라 그 의미는 다르게 표현될 수 있습니다. 우리 사람들이 개가 배변하는 의미나 이유를 완벽히 알고 배변행위를 100% 예측할 수 있다면 얼마나 좋을까요? 만약 그렇다면 우리는 배변교육을 어렵지 않게 성공할 수 있을 것이고 반려견의 배변실수를 보다 쉽게 고쳐줄 수 있을 텐데 말입니다. 안타깝게도 현실은 그렇지 못합니다. 그렇기 때문에 늘 관심을 가지고 관찰하는 노력이 필요합니다. 개가 배변하는 의미를 충분히 이해하고 이를 배변교육에 활용한다면 배변확률을 획기적으로 높일 수 있으며, 배변실수에 따른 오류를 수정하는 데에도 매우 유용합니다. 제3장에서 다루게 될 배변확률을 높이는 방법과 오류와 수정에 관한 내용은 여기서 설명하는 배변행위의 의미를 활용한 것입니다.

한 가지 사례를 소개하겠습니다. 생후 7개월 된 암컷 요크셔테리어 '초롱이'를 방문교육한 사례입니다. 처음 방문했을 때의 상황은 이러했습니다. 사람이 사용하는 화장실을 배변장소로 쓰게 하려고 초롱이가 어쩔 수 없이 화장실에다 배변하도록 하기 위해 화장실 입구에 목줄을 묶어서 행동을 제한하여 그곳에서 잠을 자게 하고 밥과 물도 거기에서 먹도록 하고 있었습니다. 배변본능과 배치되는 잘못된 방식으로 배변교육을 하고 있었던 거지요. 그뿐만이 아니었습니다. 한때는 사람이 사용하는 화장실 앞에 울타리를 둘러치고 초롱이를 가둬서 화장실에 억지로 배변하도록 해보기도 하고, 울타리에 가둬서 그 안에 방석, 밥그릇 등을 넣고 배변판도 함께 넣어 배변판에 배변하도록 시도해봤다고 합니다. 신문지를 말아서 배변실수를 할 때마다 때린 적도 한두 번이 아니었다고 합니다. 이처럼 여러 방법을 시도해보았지만 지금껏 배변교육에 성공하지 못한 것이었습니다. 이유가 뭘까요? 이 분들이 지금까지 시도한 배변교육 방법들이 모두 잘못된 것이었기 때문입니다.

필자가 방문하여 지금까지 시도한 방법들이 모두 잘못된 방법임을 알려주고 개가 배변하는 의미를 고려하여 배변장소 등을 적절히 배치하고 새로이 배변교육을 진행했습니다. 배변을 가리지 못한다고 절대로 혼내거나 때리지 말 것을 당부하고, 지

금까지 화장실 입구에 묶어뒀던 초롱이를 묶거나 가두지 말고 자유롭게 풀어둔 상태에서 심리적인 안정을 위해 방에서 같이 데리고 잘 것을 주문했습니다('배변행위의 다양한 의미' 2, 3, 4번과 관련). 자주 배변을 실수하는 장소에 밥그릇과 물그릇을 배치하고 그곳에서 밥이나 물을 먹이도록 하였습니다. 식탁 밑에서 자주 오줌을 싼다기에 그곳에다 초롱이가 사용하는 방석을 가져다 놓았습니다('배변행위의 다양한 의미' 12번과 관련). 배변장소로는 배변판을 사용했는데 초롱이가 잠자는 침실과 자주 머무는 방석에서 떨어진 장소를 골라 하나는 거실 한쪽에, 다른 하나는 사람이 사용하는 화장실 안에 두었습니다('배변행위의 다양한 의미' 12번과 관련). 그곳에 배변하는 확률을 높이기 위해 틈틈이 간식으로 유도하기를 반복했습니다('배변행위의 다양한 의미' 6, 7, 8, 11번과 관련). 그렇게 하자 초롱이는 거짓말처럼 그날부터 배변판에서 주로 배변하게 되었습니다. 문제는 이따금씩 배변실수를 하는 때가 있었는데, 보호자의 말에 의하면, 주로 초롱이를 혼자 두고 외출했다가 돌아온 때라고 하였습니다. 약간의 분리불안증을 보인 것입니다. 배변실수를 줄이기 위해 배변교육과 병행하여 분리불안증 치료교육을 꾸준히 실천했습니다('배변행위의 다양한 의미' 3, 4번과 관련). 차츰 초롱이의 배변실수도 줄어들면서 배변교육에 자연스럽게 성공할 수 있었습니다.

가두지 않고 혼내지 않아도 되는 배변교육의 성공조건
배변훈련 프로그램은 필요치 않다
가두지 않고 혼내지 않아도 되는 배변교육의 구체적 방법
입양 초기의 배변교육
실수는 자연스런 행동이다
칭찬만큼 중요한 실수했을 때의 대처법
배변교육이 효과 없는 경우도 있을까?
다른 배변교육 방법이 필요한 때

**제3장**

# 가두지 않고 혼내지 않아도 되는 배변교육

가두지 않고 혼내지 않아도 되는 배변교육의 구체적 방법을 이해의 편의를 위해 4단계로 나누어 설명합니다. 이를 바탕으로 입양 초기의 배변교육을 살펴보고 실수했을 때의 대처법에 대해서도 공부합니다. 마지막으로 이 책에서 설명하는 가두지 않고 혼내지 않아도 되는 배변교육이 효과가 없는 경우와 그 이유를 알아보고 그럴 경우 어떻게 해야 할지를 알아봅니다.

# 가두지 않고 혼내지 않아도 되는 배변교육의 성공조건

 가두지 않는 배변교육이 성공하기 위한 필수조건을 들라면 어떤 것이 있을까요? 관점이나 범위에 따라 다양하게 얘기할 수 있습니다. 효과적인 교육방법을 말할 수도 있고 꾸준한 실천의 중요성을 주장할 수도 있을 것입니다. 사실 배변교육이 성공하려면 이런 여러 가지 조건들이 함께 갖춰져야 합니다. 그러므로 어느 것 하나 중요하지 않은 요소가 없다고 말할 수 있습니다. 그럼에도 특히 중요한 성공조건을 꼽으라면 필자는 다음의 4가지를 가두지 않는 배변교육의 성공조건으로 제시합니다.
 잊지 말아야 할 점은 반려견의 배변문제를 방법상의 문제나 배변교육 자체의 문제로만 여겨서는 안 된다는 것입니다. 배변행위의 의미를 바르게 이해하고 반려견의 감정 등 배변 외적 요소를 함께 고려해야 합니다. 이 점은 이 책이 독자 여러분들께 전달하고자 하는 가장 중요한 메시지이기도 합니다. 각각에 대한 자세한 내용은 관련 항목에서 살펴보겠습니다.

**가두지 않고 혼내지 않아도 되는 배변교육의 4가지 성공조건**

1) 배변행위의 의미 및 배변본능의 이해와 활용
2) 불안감, 스트레스 등 배변 외적 요소의 관리
3) 효과적이고도 시기를 잃지 않는 보상
4) 실수했을 때의 올바른 대처법

# 배변훈련 프로그램은
# 필요치 않다

　지금까지 여러분은 강아지 배변훈련 책에서 일정표를 많이 보았을 것입니다. 시간을 정해 사료와 물을 주고 울타리 등에 가뒀다가 배변을 볼 시간에 맞춰 반려견을 화장실장소로 데려가서 배변을 유도하고, 그곳에서 용변을 보면 잠깐 동안 자유시간을 주었다가 다시 울타리 등에 가두는 반복된 일상을 배변훈련이 확실히 될 때까지 꾸준히 실천해야 한다는 구체적인 일정표 또는 스케줄표가 그것입니다.

　초등학교 시절이 생각나시나요? 방학이 되거나 새 학기가 시작되면 누구나 이런저런 결심을 하게 됩니다. 그리고 알찬 방학 생활을 보내기 위해, 새 학기를 헛되이 보내지 않기 위해 생활계획표를 그려서 책상 앞에 붙여두고 반드시 실천하겠다며 의욕을 불태웁니다. 작심삼일이라 했던가요? 며칠이 지나지 않아 의

욕적으로 짜둔 생활계획표는 무용지물이 됩니다. 배변훈련 일정표, 스케줄표를 보면 이런 느낌이 드는 것은 저만이 아닐 듯합니다. 바쁜 일상에 쫓기는 사람이거나 생활이 불규칙한 사람, 일 때문에 집안에 머무는 시간이 길지 않은 사람이라면 이런 틀에 박힌 일정표를 따라 하기가 쉽지 않습니다. 심한 경우 틀에 박힌 일정표를 보는 순간 의욕을 잃고 배변훈련을 포기하려 할지도 모릅니다.

그러나 이 책에서 말하는 가두지 않고 혼내지 않아도 되는 배변교육을 할 때는 그런 틀에 박힌 일정표는 필요하지 않습니다. 반려견을 억지로 가둬두고 시간에 맞춰서 화장실로 데려가는 번거로움을 겪을 필요가 없습니다. 다만 우리는 배변확률을 높여주는 노력을 함과 동시에 반려견이 용변을 볼 가능성이 높은 때를 알고 그 시기의 배변행위를 관심 있게 지켜보다가 원하는 장소에 배변하면 그때마다 보상해주면 되는 겁니다. 틀에 박힌 번거로운 배변훈련 일정표나 프로그램은 필요하지 않습니다.

# 가두지 않고 혼내지 않아도 되는 배변교육의 구체적 방법

이제 독자 여러분이 가장 궁금해하고 이 책의 핵심적인 내용 중 하나인 가두지 않고 혼내지 않아도 되는 배변교육의 구체적인 방법을 알아보도록 하겠습니다. 마음이 급하신 독자 분들은 얼른 이 부분부터 읽어보리라 생각됩니다. 물론 그렇게 해서도 됩니다. 그러나 배변교육이라고 배변교육의 요령만 알아서는 제대로 된 배변교육을 하지 못할 수도 있습니다. 각각의 반려견의 성향 그리고 처한 환경이나 상황에 따라 배변교육의 성과는 다를 수밖에 없으며, 장차 직면하게 될 여러 가지 배변상황과 변수에 유동적이고 탄력적으로 대처하기 위해서는 배변에 영향을 미치는 다양한 배변 외적 요소와 관련 문제까지도 충분히 숙지하고 있어야 합니다. 따라서 구체적 방법이 궁금하여 이 부분을 먼저 읽은 독자 분들도 반드시 처음부터 끝까지 나머지 부분도 정독하시길 권합니다.

  이 책은 배변확률을 높이는 과정을 이해의 편의를 위해 4단계로 구분하여 설명합니다. 1단계 '환경설정'에서는 적절한 배변장소 배치에 대해 알아봅니다. 2단계 '배변확률을 높여라'에서는 구체적으로 배변확률을 높이기 위한 방법과 적용원리에 대해 설명합니다. 3단계 '보상과 잭팟'에서는 보상의 중요성과 효과적인 보상방법에 대해 설명합니다. 4단계 '오류와 수정'에서는 그동안의 1~3단계의 과정을 충실히 수행했는데도 성과가 없거나 미진한 경우 그 원인을 살펴보고 오류수정 방법을 알아봅니다. 그러나 이해와 실천의 편의를 위해 단계를 구분했을 뿐 실제 배변교육을 할 때는 그런 일련의 과정들이 함께 병행되거나 복합적으로 작용해야 성공적인 배변교육을 할 수 있으므로 미리 전 과정을 공부하고 배변교육에 임하는 것이 좋습니다.

  한편, 이 책에서 서술하는 가두지 않고 혼내지 않아도 되는 배변교육의 방법과 원리는 다른 방법으로 배변교육을 하는 때에도 마찬가지로 적용 가능할 뿐 아니라 개들의 배변행위를 이해하고 갖가지 배변문제를 예방하고 해결하는 데 필요하므로 충분히 숙지해두는 것이 좋습니다.

## 1단계: 환경설정

가두지 않고 혼내지 않아도 되는 배변교육은 올바른 환경설정에서부터 시작됩니다. 환경설정이 잘못되면 첫 단추를 잘못 끼운 것과 같으므로 아무리 훌륭한 배변훈련 방법이라 하여도 실패로 끝날 가능성이 높게 됩니다. 환경설정은 침실 및 식당장소와 구분하여 화장실장소를 어디에 어떻게 배치하느냐의 문제인데 올바른 환경설정은 배변확률을 높여줄 뿐 아니라 오류를 수정하는 중요한 수단이 되기도 합니다.

### 1. 배변장소 정하기

배변교육을 본격적으로 시작하기에 앞서 우선 배변장소 즉, 화장실장소를 어디로 할 것인지를 결정해야 합니다. 실내견이라면 일반적으로 배변판, 배변패드, 신문지, 욕실, 베란다 중에서 화장실장소를 정하게 될 것입니다. 배변장소를 정할 때는 보호자가 선호하는 장소를 우선적으로 화장실장소로 정하게 되겠지만 배변교육을 진행하는 과정에서 반려견의 배변성향이나 반응 등에 따라 배변장소를 변경해야 하는 경우도 있을 수 있습니다. 즉, 교육을 진행하는 과정에서 나타나는 반려견의 배변행위를 관찰하여 반려견의 선호도나 성향 등을 반영하여 배변장소를 변경하거나 재설정할 필요도 있게 되는 것입니다.

  배변장소를 정할 때 고려해야 할 점을 정리하면 다음과 같습니다.

1) 반려견이 주로 생활하는 공간과 떨어진 장소를 화장실장소로 정하는 것이 좋습니다. 거실 가장자리 구석진 곳이나 베란다, 화장실, 현관 앞 등이 개들이 주로 선호하는 화장실장소입니다. 개들은 본능적으로 자신이 오래 머물거나 주로 생활하는 공간은 침실로 인식하는 경향이 있습니다. 그 결과 그 장소에서는 배변을 피하고 그곳과 멀리 떨어진 장소에 배변하려는 경향이 있기 때문입니다.
2) 개들이 잠자고 밥 먹는 곳 즉, 침실이나 식당장소와 화장실장소는 구분되도록 배치해야 합니다. 개들은 본능적으로 자신이 잠자고 밥 먹는 장소에서 배변하지 않고 참으려는 경향을 강하며 그곳에서 떨어진 장소나 반대편에 용변을 보려는 습성이 있기 때문입니다.
3) 개들의 성장단계를 고려하여 배변장소를 배치해야 합니다. 생후 3~4개월 이전의 어린 강아지 때에는 배변장소를 침실과 식당장소에서 멀지 않는 곳에 배치해도 되지만, 성장함에 따라 활동범위가 넓어지면 침실과 식당장소에서 되도록 먼 곳에

배변장소를 배치하는 것이 좋습니다.
4) 화장실장소가 한 군데여야 한다는 법은 없습니다. 반려견이 어린 경우이거나 배변교육 초기라면 배변패드 등을 여러 곳에 배치하여 배변확률을 높이고 배변실수를 최소화하는 것이 좋습니다. 배변교육이 진행됨에 따라 주로 배변하는 장소의 배변패드는 남겨두고 배변의 빈도가 낮은 장소의 배변패드는 없애나가면 될 테니까요.
5) 배변교육 초기에는 패드를 넓게 깔아주는 것이 좋습니다. 나중에 차츰 줄여나가면 됩니다.
6) 소변장소와 대변장소를 구분하려는 성향을 가진 반려견이라면 소변장소와 구분되는 대변장소를 따로 마련해주는 것이 자연스런 해결책이 될 수 있습니다. 예를 들어, 소변은 배변패드에 잘 싸지만 대변은 좀처럼 배변패드에 싸지 않고 다른 곳에 싸려는 반려견이라면 욕실이나 베란다를 대변장소로 사용하도록 하는 것이 좋습니다.


## 2. 침실, 식당과 배변장소

배변장소를 정할 때 최우선적으로 고려되어야 할 사항은 반려견이 잠을 자고 밥이나 물을 먹는 장소 즉, 침실이나 식당장소와 배변장소는 반드시 공간적으로 분리되어야 한다는 점입니다. 침실이나 식당장소와 배변장소가 동일한 공간에 있어서는 안 됩니다. 침실이나 식당장소와 배변장소는 되도록 멀리 떨어져 있는 것이 좋으며, 같은 공간 내에서라면 서로 반대편에 둬야 합니다. 이런 원칙은 배변교육을 할 때 처음부터 끝까지 반드시 지켜져야 합니다.

침실이나 식당장소와 배변장소를 구분하려는 행동은 개뿐만 아니라 사람을 포함한 살아있는 생명체라면 예외 없이 본래적으로 타고난 본능입니다. 상상해보세요. 우리 사람에게 화장실에서 밥을 먹고 잠을 자도록 강요한다면 얼마나 큰 스트레스와 고통을 받고 자존감이 훼손될 것인지를 말입니다. 거의 대부분의 개들이 산책을 나가면 똥오줌을 싸곤 합니다. 산책을 나가면 정말 여러 차례 용변을 봅니다. 예외 없이 배변한다고 할 수 있습니다. 심지어 조금 전 실내에서 똥오줌을 쌌는데도 바깥으로 산책을 나가면 수차례 더 용변을 보는 일이 흔합니다. 다른 이유도 있긴 하지만, 이런 행동 또한 침실이나 식당장소와 배변장소를 구분하려는 본능과 관련이 깊습니다. 자신이 잠을 자고 밥을 먹는 공간, 오래 머무는 공간에서 벗어났기 때문입니다.

반려견의 배변교육을 의뢰받아 가정을 방문해서 그때까지의 배변환경을 살펴보면 이런 배변장소에 대한 기본적인 원칙마저도 지키지 않은 채 배변교육을 하고 있는 가정이 정말 많습니

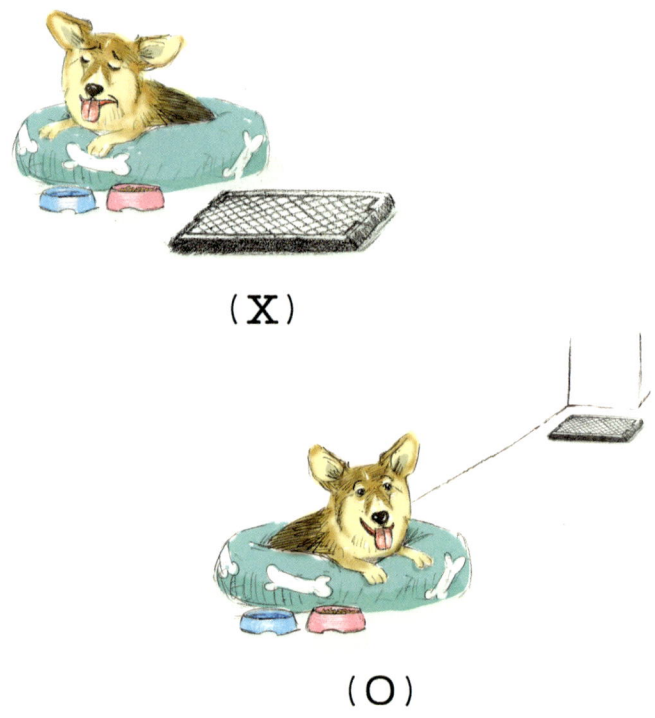

다. 그런 상황에서 반려견이 배변을 가리지 못하는 것은 어찌 보면 당연한 결과라고 볼 수도 있습니다. 사람들의 이해부족이 배변교육을 망친 사례입니다. 침실 및 식당장소와 배변장소를 구분하려는 배변본능에 충실한 반려견일수록 그와 배치되는 부적절한 환경에 처할 경우 배변을 가리지 못할 가능성이 높다고도 할 수 있습니다. 이런 반려견들은 침실 및 식당과 화장실 장소를 공간적으로 분리시켜주기만 해도 배변문제가 자연스레 해결되기도 합니다. 실제로 필자가 애견방문교육을 하면서 수없이 경험한 사례입니다.

생후 2~3개월 정도 된 어린 강아지를 입양한 초기에도 이런 본능에 어긋나지 않게 배변장소를 마련해주면 의외로 쉽게 배변을 잘 가리게 될 가능성이 높습니다. 구체적으로 방법을 설명드리면, 방 한쪽에 침실과 식당장소를 마련해주고 그곳과 떨어진 같은 방 반대편 바닥에 배변판이나 배변패드를 깔아두기만 해도 그곳에 용변을 볼 확률이 매우 높습니다.

## 배변장소를 물그릇 옆에?

배변장소를 정하는 문제와 관련하여 근래에 배변교육을 의뢰한 몇몇 가정을 방문하여 교육을 진행하던 중 이상한 점을 발견할 수 있었습니다. 반려견의 배변장소 옆에 물그릇을 같이 놓아둔 가정이 많았습니다. 왜 그렇게 해두었냐고 물어보았더니 어떤 유명한 훈련사가 방송에 나와서 그렇게 하라고 하더라는 대답을 들을 수 있었습니다. 황당한 얘기가 아닐 수 없습니다. 배변장소 옆에 물그릇을 둬야 한다니! 아마 그 훈련사는 물그릇 바로 옆에 화장실장소를 만들어 두면 물을 먹으러 그곳으로 자주 들르게 되고, 개들은 물을 먹으면 얼마 지나지 않아 오줌을 누게 될 확률이 높으므로 그에 비례하여 그곳에서 배변하게 될 가능성도 높아지리라 생각한 모양입니다.

물론 그렇게 하면 반려견에 따라서는 예외적으로 물그릇 옆 배변장소에서 배변하는 반려견도 있을 것입니다. 그렇다 하더라도 이는 반려견의 배변본능을 제대로 이해하지 못한 화장실장소 배치입니다. 물그릇 바로 옆에 화장실장소를 두는 것은 자신이 잠자고 밥이나 물을 먹는 장소나 그 부근에서는 배변을 참고 그곳으로부터 멀리 떨어진 장소에 배변하려는 배변본능에 거스르게 됩니다. 따라서 배변본능에 충실한 반려견일수록 물그릇에서 멀리 떨어진 장소에 배변하려 하게 됩니다. 당연히 배변장소가 아닌 엉뚱한 곳에 배변하게 됩니다.

반려견의 화장실장소와 물그릇은 공간적으로 분리시켜서 배치해야 합니다. 실제로 물그릇과 화장실장소를 분리시켜 배치하자 그것만으로도 배변 실수가 줄어들고 정해진 화장실장소에서 배변하는 모습을 확인할 수 있었습니다.

## 2단계: 배변확률을 높여라

 1단계에서 환경설정을 통해 배변장소 배치를 마쳤다면 이제 본격적으로 정해진 배변장소에 배변할 확률을 높여야 합니다. 1단계에서 배운 환경설정도 배변확률을 높이기 위한 방법 중 하나입니다. 배변확률을 높이기 위한 방법에는 여러 가지가 있습니다. 이와 관련한 다양한 방법들과 적용원리를 살펴보고, 그 중 대표적으로 간식을 활용하여 배변확률을 높이는 방법에 대해 좀 더 자세히 알아보도록 합니다.


### 1. 배변확률을 높이는 방법과 적용원리

 배변장소에서 배변확률을 높이는 방법과 그 적용원리는 주로 제2장에서 배운 개가 배변한다는 것의 의미를 이해하고 이를 적절히 활용하는 것입니다. 그런데 개가 배변하는 의미나 이유는 상황이나 장소에 따라 다르며 각각의 개에 따라 다르게 표현되기도 합니다. 우리 사람들은 자신의 반려견이 배변하는 성향을 관심 있게 지켜볼 필요가 있습니다. 이런 관찰을 통해 개가 배변하는 일반적인 의미와 자신의 반려견의 배변성향을 비교, 매치시켜 가장 적합한 방법을 찾는 지혜가 필요합니다.
 여기서 설명하는 배변확률을 높이는 방법과 적용원리는 뒤에서 설명하는 4단계 '오류와 수정'과도 관련된 내용이므로 그것과 함께 종합적으로 활용하시기 바랍니다. 구체적으로 살펴보겠습니다.

### 1) 화장실을 익숙한 장소로 만들어라

개들은 주로 익숙한 장소에 배변하는 성향이 강합니다. 익숙하지 않은 낯선 장소에는 배변을 꺼리는 것이 보통입니다. 그러므로 원하는 장소에 배변하게 하려면 우선 그 장소에 익숙하게 하는 과정을 거치는 것이 좋습니다. 간식을 활용하여 화장실장소에 들어가거나 올라가도록 유도하고 보상하면 화장실장소에 자연스레 익숙해지고 그에 따라 배변확률도 높아집니다.

대부분의 개들이 배변판보다 배변패드를 선호하여 배변패드에서 더 쉽게 배변하는 경향이 있습니다. 배변판은 표면바닥의 느낌 등으로 올라가기를 꺼려하는 반면 배변패드는 그런 느낌이 없어 개들에게 익숙해지기 쉬운 화장실장소이기 때문입니다. 이와 관련하여 배변장소 특히, 배변판에 용변을 보지 않고 배변판 주위에서 용변을 자주 보는 반려견이 있는데 이런 반려견은 간식을 이용하여 배변판에 익숙해지도록 하면 해결되는 경우가 많습니다.

## 2) 배변장소를 자주 가는 장소로 만들어라

배변장소에 자주 가게 되면 자연스레 그곳에서 배변할 확률도 높아지게 됩니다. 배변장소에 좋아하는 간식을 반복적으로 올려주면 개는 간식을 올려놓지 않은 때에도 그곳에 가서 자주 기웃거리거나 냄새를 맡게 되고 그 과정에서 배변할 확률도 높아집니다.

## 3) 낯선 장소로 만들어라

앞의 1)번과는 반대로 어떤 개들은 낯선 장소에서 배변하는 경향도 있습니다. 바깥으로 산책을 나가면 자주 배변하는 이유도 이런 성향이 작용했다고 볼 수 있습니다. 낯선 장소에 가면 새로운 냄새가 나기도 하고 약간의 긴장감과 스트레스를 느껴 배변하게 될 확률이 높아집니다. 실내 배변교육에서도 이런 성향을 활용할 수 있습니다. 배변패드를 새로 깔아주거나 자주 교체해주면 그곳에 배변을 볼 확률을 높여줄 수 있습니다. 평소에 깔아주는 배변패드 외에 추가로 다른 장소에 배변패드를 깔아주면 그곳에 배변할 확률을 높일 수 있습니다. 또 평소 닫아두던 방의 방문이 열려 있으면 그곳에 배변하는 개들이 많습니다. 이것도 낯선 장소에 배변하려는 성향과 관련이 있습니다. 이런 성향을 활용하여 낯선 장소나 새로운 장소(예) 평소 사용하지 않아 문을 닫아두던 방이나 베란다 등)를 개방하여 화장실장소로 유도하는 것도 방법일 수 있습니다.

### 4) 냄새를 맡게 하라

냄새 맡는 행동과 배변은 매우 밀접한 관련이 있습니다. 앞에서 개가 배변한다는 것의 의미를 공부하면서 냄새 맡는 행동과 배변은 실과 바늘의 관계와 같다는 표현을 한 적이 있습니다. 이처럼 냄새 맡는 행동과 배변행위와는 뗄 수 없는 상관관계를 가지고 있습니다. 이런 성향을 활용하면 배변확률을 더 높일 수 있습니다.

배변교육 초기나 어린 강아지일 경우 배변시기가 되어 용변이 마려우면 이곳저곳 바닥의 냄새를 맡거나 빙글빙글 돌면서 냄새를 맡는 행동을 자주 목격할 수 있습니다. 이때 차분히 배변장소로 유도하거나 조용히 안아서 배변장소에 올려놓으면 그곳에서 배변하게 할 수 있습니다. 이때 주의할 것은 냄새 맡기에 열중하는 반려견을 놀라게 하거나 배변을 실수할까 봐 소리를 질러 멈추게 하려 해서는 안 되고 배변장소에서 나오지 못하게 억지로 강제하거나 고함을 쳐서도 안 된다는 점입니다. 이런 행동들은 자칫 반려견의 시각에서 보면 냄새 맡는 행동과 배변행위에 대한 야단이 동일시될 수 있어 냄새 맡는 행동과 배변준비행위 또는 배변행위를 멈추게 하거나 하지 않게 만들고 배변장소에 대한 거부감을 형성시키는 부작용을 초래할 수 있기 때문입니다.

화장실장소에 반복적으로 간식을 올려주는 것도 배변장소에서 냄새를 자주 맡도록 유도하는 효과를 가져와 그곳에서의 배변확률을 높이게 됩니다. 배변장소에서 냄새를 많이 맡도록 유도하기 위해서는 맛있는 냄새가 많이 나는 간식을 활용하는 것이 좋고, 간식을 손으로 반려견의 입에 직접 먹여주는 것보다는 배변장소에 올려둬서 스스로 냄새를 맡으며 찾아서 먹을 수 있게 하는 것이 효과적입니다.

냄새를 많이 맡을수록 배변확률이 높아질 가능성이 있으므로 거꾸로 배변장소에서 냄새를 맡으면 그때마다 간식으로 보상하여 배변장소에서 냄새 맡는 행동을 강화하는 것도 배변확률을 높이는 데 도움이 됩니다.

### 5) 특별한 장소로 만들어라

개들은 특별해보이거나 중요하다고 여겨지는 장소에 배변하는 성향이 있습니다. 다른 곳과 구별되는 곳, 중요하다고 여겨지는 곳, 이정표가 될 만한 곳에 배변을 함으로써 그 장소에 표시를 해 둔다고 볼 수 있습니다. 그래서 다른 개가 똥오줌을 많이 싸 놓은 곳, 낯선 냄새가 많이 나는 곳, 거리의 모퉁이, 전봇대, 커다란 바위, 큰 나무 등 이정표가 될 만한 곳에 쉽게 배변욕구를 느낍니다. 개는 외형상 특징, 특별한 냄새, 어떤 상황과 관련된 기억 등으로 특정 장소를 특별하다고 느끼게 됩니다. 특별한 장소에 배변하려는 성향을 활용하면 원하는 장소에 배변하는 확률을 높일 수 있습니다.

배변장소를 정할 때 다른 곳과 구별되는 곳을 배변장소로 정하면 보다 더 쉽게 배변을 유도할 수 있습니다. 예를 들어, 거실 바닥과 구분되는 타일바닥으로 된 베란다나 욕실에 들어가서 배변하려는 개가 많은데 이 경우 그런 장소에 배변장소를 만들어주면 손쉽게 배변교육에 성공할 수 있습니다.

배변패드나 배변판도 개들에게 다른 곳과 구별되는 특별한 장소로 여겨질 가능성이 높습니다. 거실에 배변패드를 깔아주거나 배변판을 두면 별다른 유도를 하지 않아도 스스로 그곳에서 용변을 하는 개들이 많은 것은 이런 이유 때문입니다. 배변패드나 배변판도 거실 구석이나 벽에 바짝 붙여 두는 것보다는 거실 구석이나 벽에서 떨어진 비교적 눈에 잘 띄는 곳에 두는 것이 더 수월하게 배변을 유도하는 방법입니다. 물론 나중에 배변교육이 어느 정도 된 이후에는 좀 더 구석진 자리로 배변장소를 이동시키면 됩니다.

배변장소에 반복적으로 맛있는 간식을 올려주거나 배변장소에 들어갈 때마다 맛있는 간식으로 보상하는 것도 그곳을 특별한 장소로 기억하여 배변확률을 높이는 효과를 기대할 수 있습니다.

### 6) 낯선 냄새를 활용하라

개들은 낯선 냄새가 나는 곳에 쉽게 용변을 보는 경향이 있습니다. 바깥으로 산책을 나가면 자주 배변을 하는 것도 이런 성향이 작용한 결과입니다. 바깥에는 온갖 종류의 낯선 냄새들로 가득할 테니까요. 특히, 다른 개들이 자주 용변을 봐서 낯선 냄새가 많이 나는 장소라면 그곳에서 배변할 확률은 더 높아집니다. 배변유도제도 이런 원리를 활용한 것이라고 볼 수 있습니다.

배변패드를 새로 깔아주면 금세 그곳에 배변하는 개들이 많습니다. 새로 깔아준 배변패드에 낯선 냄새가 나기 때문일 가능성이 높습니다. 그래서 배변교육 초기일수록 배변패드를 자주 교체해주는 것이 도움이 될 수 있습니다.

한편, 이런 습성을 활용하는 방법 중 하나는 일부러 외부의 낯선 냄새를 배변장소에 둬서 배변을 유도하는 것입니다. 바깥에서 흔히 구할 수 있는 낙엽이나 풀, 흙 등을 배변장소에 뿌려 두거나 올려놓으면 낯선 냄새에 이끌려 더 쉽게 배변을 유도할 수 있습니다.

### 7) 냄새가 많이 나는 장소로 만들어라

배변장소를 냄새가 많이 나는 장소로 만들어주면 그 냄새에 이끌려 배변하게 될 확률이 높습니다. 우리 사람들도 주변에서 나는 맛있는 냄새를 맡으면 자신도 모르게 배가 고파지거나 식욕을 느끼게 되고, 화장실에 가면 자신도 모르게 오줌이 마려웠던 경험을 하곤 합니다. 개들도 강한 냄새에 이끌려 자신도 모르게 배변하게 될 가능성이 높습니다. 맛있는 냄새가 강하게 나는 간식, 자신의 배변냄새, 다른 강아지의 배변냄새, 배변유도제 등을 이용하여 배변장소를 냄새가 많이 나는 장소로 만들어주면 반려견이 그곳의 냄새를 맡을 가능성이 높아지고 배변확률도 높아지게 됩니다. 이런 원리를 이용하여 배변장소에 반려견의 배변냄새를 조금 묻혀서 배변을 유도하기도 한다는 것을 독자 여러분도 알고 있을 것입니다.

### 8) 프리쉐이핑freeshaping 기법을 응용하라

가두지 않고 혼내지 않아도 되는 배변교육 방법은 클리커 트레이닝에서 주로 활용하는 프리쉐이핑* 기법과 크게 다르지 않

---

\* 클리커 트레이닝(clicker training)에서 자주 활용하는 훈련 방식으로, 목표로 하는 원하는 행동을 단계적으로 세분화한 다음, 원하는 행동이 완성될 때까지 세분화된 행동을 마킹(marking)하고 보상하여 점차적으로 목표 행동을 완성하는 훈련기법이다.

습니다. 배변장소에 익숙하게 하는 과정부터 시작해서 그곳에 자주 올라가거나 기웃거리게 하고 냄새 맡게 하는 과정에서 자연스레 배변확률이 높아지게 유도할 수 있습니다. 프리쉐이핑 기법을 응용하여 배변교육을 하는 과정을 개략적으로 설명하면 다음과 같습니다.

배변판을 두거나 배변패드를 깔아 배변장소를 만들어준 뒤 기다립니다. 반려견이 배변장소를 쳐다보거나 가까이 가기만 해도 보상해 줍니다. 가까이 다가가서 냄새를 맡아도 보상합니다. 이런 과정을 반복하다 보면 어느 순간 반려견은 배변장소에 들어가거나 배변장소 위에 올라가게 됩니다. 그 순간을 기다렸다가 보상해 줍니다. 배변장소에 들어가거나 배변장소 위에 올라가는 행동을 보상하기를 반복합니다. 배변장소에서 냄새를 맡아도 보상하기를 반복합니다. 그런 과정을 반복하면 반려견은 간식을 얻어먹기 위해 의도적으로(일부러) 배변장소에 올라가거나 냄새를 맡는 행동을 하게 될 것입니다. 반려견이 간식을 얻어먹기 위해 의도적으로(일부러) 배변장소에서 여러 가지 행동을 하게 되는데 그런 여러 가지 동작 중 하나가 배변행위일 수 있습니다. 그때부터 다음 보상의 시기를 조금씩 늦추거나 점차 간헐적으로 보상합니다. 그러면서 그곳에 배변하는 순간을 기다리는 겁니다. 이런 일련의 과정을 진행하다 보면 어느 순간 배변장소에서 용변을 보는 반려견을 발견하는 때가 반드시 오게 됩니다. 그때 우리는 잭팟jackpot*을 터뜨려주면 되는 겁니다.

여기에서 정해진 배변장소에서의 배변확률을 높이는 여러 가지 방법 중 하나로 프리쉐이핑 기법을 언급했지만, 처음부터 끝까지 전적으로 프리쉐이핑 기법만 활용해도 배변교육에 성공할 수 있을 정도로 효과적이고 중요한 기법이라는 점을 강조하고 싶습니다.

### 9) 노즈워크 nose work를 하게 하라

실내에서 더 쉽고 자주 배변하도록 유도하는 방법이 있습니다. 이 방법을 활용하면 반려견이 배변하도록 자연스레 유도할 수 있어 칭찬할 기회를 포착하기 쉬우며, 노즈워크 게임을 하는 과정에서 스트레스를 해소시켜주고 차분하게 만들어주는 효과도 있어 간접적으로 배변교육에 도움이 됩니다. 특히, 과거에 배변을 가리지 못한다고 배변현장에서 야단을 많이 맞은 반려견은 사람이 보는 앞에서 배변하기를 꺼려하고 숨어서 배변하는 부작용을 보이는 경우가 많습니다. 이런 반려견에게 노즈워크 게임을 시켜주면 사람이 보는 앞에서도 쉽게 용변을 볼 확

---

* (도박·복권 등에서) 거액의 상금, 대박.

률을 높일 수 있습니다.

 실제로 필자가 가정을 방문하여 노즈워크 게임을 시키다 보면 많은 반려견들이 평소보다 더 자주 물을 마시기도 하고 자주 배변을 하는 모습을 목격했습니다. 노즈워크 게임을 하는 도중 화장실로 뛰어가 용변을 본 다음에 계속해서 노즈워크 게임에 몰두하는 모습을 흔히 볼 수 있었습니다. 노즈워크 게임 도중 우연일지라도 정해진 배변장소에서 배변을 한다면 잭팟을 터뜨려주면 됩니다.

**10) 간식을 활용하라**

 배변확률을 높이는 다른 여러 방법과 함께 병행해서 실천할 수 있고 가장 빈번하게 사용할 수 있는 방법은 간식을 활용하여 배변확률을 높이는 것입니다. 이에 관한 자세한 내용은 항목을 바꾸어 설명하도록 하겠습니다.

**11) 배변확률을 높여주는 기타의 방법들**

 앞에서 우리는 원하는 배변장소에 배변확률을 높이는 여러 가지 방법들을 살펴보았습니다. 이런 방법들은 뒤에서 배울 제4단계 '오류와 수정'과 관련된 내용이기도 합니다. 배변확률을 높이는 방법은 동시에 배변오류를 수정하는 방법이기도 합니다. 반대로 오류를 수정하는 방법은 배변확률을 높이기 위한 방법으로 활용할 수 있습니다. 따라서 배변확률을 높이는 다른 방법들에 대해서는 4단계 '오류와 수정'에서 살펴보도록 하겠습니다.

## 2. 간식을 활용하라

### 1) 간식을 활용하여 배변확률을 높이는 방법

여기서는 배변확률을 높이는 다양한 방법들 중 대표적이고 쉽게 활용할 수 있는 방법인 간식을 활용하는 방법에 대해 자세히 알아보도록 합니다. 물론 간식을 활용하여 유도하는 과정을 굳이 하지 않아도 스스로 정해진 배변장소에 가서 용변을 보는 반려견들도 많습니다. 이런 반려견들은 원하는 장소에 배변할 수 있도록 적절한 환경을 만들어주기만 하고 별다른 배변교육이나 배변유도행위 등을 하지 않아도 큰 어려움이나 실수 없이 배변에 성공하게 됩니다.

간식을 이용하여 배변확률을 높이는 방법을 소개하겠습니다.

#### (1) 방법 1

이 방법은 간식으로 유도하는 방법입니다. 다음의 방법 2와 대비되는 방식으로 루어링luring 방식이라고 할 수 있습니다.

① 반려견이 좋아하고 맛있어하는 간식을 준비합니다. 간식은 되도록 맛있는 냄새가 많이 나는 종류를 사용하는 것이 좋습니다. 맛있는 냄새가 별로 나지 않는 간식은 반려견의 흥미와 관심을 끄는 힘이 미약할 수 있습니다.

② 준비한 간식을 작게 잘라서 정해진 화장실장소(배변판, 배변패드, 욕실 바닥, 베란다 바닥 등) 위에다 올려놓습니다. 화장실장소가 한 군데가 아니고 여러 곳이라면 한 군데씩 차례대로 간식을 올려놓습니다.

③ 배변장소에 간식을 올려놓는 것이 가장 효과적이지만, 경우에 따라서는 배변장소에 간식을 올려두지 않고 배변장소 위에 반려견이 올라서면 반려견에게 직접 간식을 먹여줘도 됩니다. 특히, 배변장소를 무서워하거나 경계하는 반려견인 경우에는 배변장소에 올라서거나 들어오기만 해도 직접 간식을 먹여주는 것이 좋습니다.

④ ①~③의 과정을 반복하다 보면 배변장소에 간식이 없어도 자주 그곳으로 들어가거나 냄새를 맡게 됩니다. 스스로 그곳에 들어가거나 올라가면 간식으로 보상해주세요. 그곳에서 냄새를 맡아도 보상해주는 것이 좋습니다.

⑤ 반려견이 배변장소에 머물고 있는 한 간식보상을 간헐적으로 해주세요. 이때 간헐적 보상주기를 점차적으로 늘려

주는 것이 좋습니다.

⑥ ①~⑤의 과정을 1회에 5~10분 정도 계속하고 하루 2~3차례 정도 틈틈이 반복합니다.

⑦ 이런 일련의 과정을 반복하다 보면 어느 순간 배변장소에서 용변을 보는 반려견을 발견하는 때가 반드시 오게 됩니다. 그때 우리는 잭팟을 터뜨려주면 되는 겁니다.

**(2) 방법 2**

이 방법은 간식으로 유도하는 방법 1과는 달리 캡처링capturing 방식이라고 할 수 있으며, 프리쉐이핑 방식을 활용한 방법이기도 합니다.

① 배변판을 두거나 배변패드를 깔아 배변장소를 만들어준 뒤 기다립니다. 배변판이나 배변패드 등 배변장소에 전혀 관심을 보이지 않거나 가까이 접근하지 않는 경우에는 방법 1에서처럼 배변장소에 맛있는 간식을 반복해서 올려주면 됩니다.

② 반려견이 배변장소를 쳐다보거나 가까이 가기만 해도 보상해 줍니다.

③ 배변장소에 우연히 올라가거나 가까이 다가가서 냄새를 맡아도 보상합니다.

④ 이런 과정을 반복하다 보면 어느 순간 반려견은 배변장소에 스스로 자주 들어가거나 배변장소 위에 올라가게 될 것입니다. 그 순간을 기다렸다가 보상해 줍니다. 배변장소에 들어가거나 배변장소 위에 올라가는 행동을 보상하기를 반복합니다. 배변장소에서 냄새를 맡아도 보상하기를 반복합니다.

⑤ 위의 과정을 반복하면 반려견은 간식을 얻어먹기 위하여 의도적으로(일부러) 배변장소에 올라가거나 그곳에서 기다리거나 냄새를 맡는 등 다양한 행동을 하게 될 것입니다. 반려견이 간식을 얻어먹기 위해 의도적으로(일부러) 배변장소에서 여러 가지 행동을 하게 되는데 그런 여러 가지 행동 중 하나가 배변행위일 수 있습니다. 그때부터 다음 보상의 시기를 조금씩 늦추거나 점차 간헐적으로 보상합니다.

⑥ ⑤의 과정을 반복하면서 점차적으로 냄새 맡는 행동만을 보상합니다.

⑦ ⑥의 과정을 반복하면 간식보상을 얻어내기 위해 의도적으로 배변장소에서 냄새 맡는 행동을 하게 될 것입니다. 그때부터 보상시기를 조금씩 늦추거나 점차 간헐적으로 보상합니다. 냄새를 맡으면 배변할 가능성이 높아지므로 배변장소에서 배변하는 행위를 기다리고 유도하는 과정이

라고 할 수 있습니다.

⑧ ⑦의 과정을 반복하면서 배변장소에서 배변하는 순간을 기다리는 겁니다. 이런 일련의 과정을 반복하다 보면 어느 순간 배변장소에서 용변을 보는 반려견을 발견하는 때가 반드시 옵니다. 그때 우리는 잭팟을 터뜨려주면 되는 겁니다.

## 간헐적 보상

계속적 보상 또는 연속적 보상continuous schedule of reinforcement의 반대되는 말이 간헐적 보상間歇的 補償, intermittent schedule of reinforcement입니다. 원하는 행동을 했을 때 그때마다 계속해서 보상하는 것이 아니라 이따금씩 띄엄띄엄 보상하여 보상의 빈도를 줄여가고 보상사이의 간격을 점차 길게 하는 것을 간헐적 보상이라고 합니다. 훈련의 초기에는 계속적 보상 또는 연속적 보상을 하는 것이 원칙이지만 훈련이 진전된 이후에는 간헐적 보상으로 바꾸는 것이 당연한 수순입니다.

배변교육에서 간헐적 보상은 두 가지 측면에서 얘기할 수 있습니다. 그중 한 가지는 정해진 배변장소에서 배변하는 행동이 고정화되어 실수하는 경우가 현저히 줄어든 때에는 띄엄띄엄 횟수를 줄여 간헐적 보상을 해주는 것이 좋다는 점입니다. 다른 한 가지 측면은 프리쉐이핑 기법의 응용을 통한 정해진 화장실장소에서의 배변확률을 높이는 방법이라는 측면에서의 간헐적 보상의 활용입니다. 두 가지 측면의 간헐적 보상 중에서 가두지 않고 혼내지 않아도 되는 배변교육을 성공하려면 두 번째 측면의 간헐적 보상 즉, 프리쉐이핑 기법의 응용을 통한 정해진 화장실장소에서의 배변확률을 높이는 측면에서의 간헐적 보상을 이해하고 활용하는 것이 매우 중요합니다.

앞에서 언급한 대로 정해진 화장실장소에 간식을 놓아두기를 반복하거나, 화장실장소에 올라오거나 냄새를 맡으면 보상하기를 반복하면 나중에는 간식을 올려놓지 않아도 '의도적으로(일부러)' 간식을 얻어먹기 위해서 화장실장소에 올라와서 기다리거나 냄새를 맡게 됩니다. 이와 같이 '의도적으로(일부러)' 간식을 기다리며 화장실장소에 올라오거나 냄새를 맡는 행동을 하게 되면 이때가 바로 간헐적 보상을 활용할 수 있는 시기입니다. 횟수가 거듭될수록 간식보상을 띄엄띄엄 주거나 조금씩 시간을 지체시켜서 간식보상을 하는 것입니다. 처음에는 한번은 그냥 건너뛰고 다음번에 간식보상을 합니다. 반복하면서 점차적으로 두 번 건너뛰고 간식보상을 하고, 세 번 건너뛰고 간식보상을 하고, 네 번 건너뛰고 간식보상을 하는 식으로 간식보상을 띄엄띄엄 간헐적으로 하는 겁니다. 아니면 반려견이 화장실장소 위에 머물고 있거나 냄새를 맡고 있을 때 시간간격을 늘려 간식보상을 하거나 띄엄띄엄 간식보상을 합니다. 그러면 반려견은 정해진 화장실장소 위에 올라가서 마냥 기다리거나 빙글빙글 돌거나 냄새를 맡는 등 여러 가지 액션을 취하게 됩니다. 그런 여러 가지 액션 중 한 가지 동작이 배변행위일 수 있습니다. 우리가 간헐적 보상을 하며 기다리는 행동이 바로 정해진 장소에서 배변하는 행동입니다. 간헐적 보상으로 배변행위를 유도하고 배변행위가 나타나면 잭팟을 터뜨리면 됩니다. 이처럼 간헐적 보상은 정해진 화장실장소에서의 배변확률을 높여주고 배변행위를 유도하는 매우 유용한 방법입니다.

한편, 위와 같이 의도적으로 간헐적 보상을 하지 않더라도 정해진 화장실장소에 간식을 올려놓거나 스스로 화장실장소에 올라가거나 그곳에서 냄새를 맡을 때 간식보상을 해주기를 반복하기만 해도 반려견은 우리 사람들이 관찰하지 않는 동안에도 수시로 화장실장소에 올라가거나 냄새 맡는 행동을 반복할 가능성이 높은데, 이것이 비의도적인 간헐적 보상 효과를 가져와 정해진 화장실장소에서 배변하는 확률이 자연스레 높아질 수 있습니다. 간헐적 보상원리는 위에서 설명한 간식을 활용하여 배변확률을 높이는 '방법 1'과 '방법 2' 모두에 적용되는 원리입니다.

2) 효과

위와 같이 간식으로 유도하는 과정을 반복하면 반려견에 따라 정도의 차이가 있긴 하지만 대체로 배변장소에서 배변할 확률이 높아지게 됩니다. 반려견에 따라서는 언제 배변을 가리지 못했냐는 듯이 몇 번만 반복해도 금세 배변장소에서 배변하기도 하고 어떤 반려견은 점차적으로 배변확률이 높아지는 것을 느낄 수 있습니다. 반대로 어떤 반려견은 그 효과가 금세 나타나지 않거나 아무런 효과도 없어 보이거나 미미한 경우도 있으나 성급하게 포기하고 실망할 필요는 없습니다. 꾸준히 실천하면서 정해진 장소에 배변하는 순간 잭팟을 터뜨려주는 것이 중요합니다. 효과가 미미하거나 좋아지는 기미가 보이지 않는 경우의 대처법에 대해서는 제4단계 '오류와 수정' 및 관련 항목*에서 설명하도록 하겠습니다.

---

* 3장 '배변교육이 효과 없는 경우도 있을까?'와 '다른 배변교육 방법이 필요한 때' 참조.

## 간식을 활용하는 이유

앞에서 배변확률을 높이는 여러 가지 방법과 적용원리를 공부하였습니다. **배변확률을 높이는 여러 가지 방법 중 손쉽고도 대표적인 방법이 간식을 통한 유도와 보상입니다.** 이처럼 배변확률을 높이기 위해 간식을 사용하는 이유는 무엇일까요? 간식 이외의 대안은 없는 것일까요?

1) 우선 간식이 가장 손쉽게 반복적으로 활용할 수 있고 효과도 좋기 때문입니다. 배변확률을 높이는 데에는 간식 이외의 앞에서 설명한 다른 방법들도 병행할 필요가 있습니다. 여기에 간식을 활용하면 더 쉽고 효과적으로 배변확률 상승효과를 볼 수 있습니다.

2) 간식을 통해 배변확률을 높이는 다른 이유는 간식을 이용한 유도와 보상이 앞에서 배운 '배변확률을 높이는 방법과 적용원리'에 상당부분 부합하기 때문입니다. 부합하는 원리를 나열하면 다음과 같습니다.

   ① 화장실을 익숙한 장소로 만들어라
   ② 배변장소를 자주 가는 장소로 만들어라
   ③ 냄새를 맡게 하라
   ④ 특별한 장소로 만들어라
   ⑤ 냄새가 많이 나는 장소로 만들어라
   ⑥ 프리쉐이핑freeshaping 기법을 응용하라

3) **간식을 활용하는 중요한 또 다른 이유는 배변장소에 용변을 보도록 유도하는 수단이 간식인 것과 마찬가지로 정해진 화장실장소에서 용변을 보았을 때 보상하는 주된 수단도 간식이기 때문입니다.** 즉, 배변장소에 용변을 보도록 유도하기 위해 주는 간식효과와 배변장소에서 용변을 보았을 때 보상으로 주는 간식효과가 결합하여 상승작용相乘作用을 일으켜 더 자주 배변장소에서 배변하도록 강화하고, 배변장소에서의 배변행

위와 그에 대한 보상이 반려견의 뇌리에 깊고 또렷이 기억되도록 하는 효과를 기대할 수 있다는 것입니다.

위와 같은 이유로 배변확률을 높여주기 위한 방법으로는 간식을 활용하는 방법을 주된 수단으로 하고 다른 방법들을 병행하거나 보조적으로 활용하는 것이 좋습니다.

간식을 활용할 때 혼동하지 말아야 할 사실은 배변장소에서 소량의 간식을 반복적으로 주는 것이지 그곳에서 많은 양의 밥을 먹이거나 물을 먹게 해서는 안 된다는 점입니다. 이때의 간식은 배변확률을 높이기 위한 유도와 보상일 뿐이므로 그곳에서 다량의 식사를 하게 하는 등 배변본능에 배치되는 행동을 하는 것과는 구별되어야 합니다.

### 3단계: 보상과 잭팟

 가두지 않고 혼내지 않아도 되는 배변교육이 성공하기 위해서는 시기를 잃지 않는 보상을 해야 함은 물론이고 그 보상은 효과적이어야 합니다. 적절한 환경설정을 하고 배변확률을 높이기 위한 노력을 한다 할지라도 정해진 장소에 용변을 했을 때 보상을 등한시하거나 효과적이지 못한 보상을 한다면 그만큼 배변교육은 늦어지거나 성공가능성이 낮아지게 됩니다. 특히, 가두지 않고 혼내지 않아도 되는 배변교육에서는 보상의 역할이 한층 더 중요합니다. 보상이 중요한 만큼 그 보상은 효과적이어야 합니다.


#### 1. 관찰과 보상이 열쇠다

 배변교육 초기일수록 관찰과 보상의 역할은 중요합니다. 지금까지 1단계와 2단계의 지침대로 해왔다면 현재 매우 중요한 기로에 직면해 있다고 할 수 있습니다. 2단계 과정을 반복하면 여러분의 반려견은 아마도 며칠 내로 배변장소에서 수차례 용변을 보았을 가능성이 높습니다. 정해진 장소에서의 용변이 실수라고 하더라도 최소 한두 번은 정해진 화장실장소에서 용변을 보았을 것입니다. 이때를 놓치면 안 됩니다. '배변현장에서' '즉시' 보상해줘야 합니다. 그러자면 배변교육 초기일수록 반려견의 행동을 주의 깊게 관찰해야 합니다. 보상의 기회를 놓치지 않기 위해서 말입니다. 처음 한두 번 정해진 화장실장소에서 용변을 볼 때 어떻게 했느냐에 따라 앞으로 정해진 화장실장소에서 용변을 볼 확률이 더 높아지고 계속해서 정해진 화장실장소에서 배변을 보게 될지, 아니면 예전처럼 아무 곳에나 배변하는 행동이 계속될지 여부가 결정된다고 할 수 있습니다.

시기적절한 보상은 비단 배변교육에서뿐 아니라 반려견 교육 전반에 적용되는 원리이기도 합니다. 그럼에도 배변교육에서는 특히 더 중요합니다. 가두지 않고 혼내지 않아도 되는 배변교육 과정에서는 시기를 잃지 않는 보상이 더더욱 중요합니다. 왜 그럴까요? 반려견이 용변을 보는 행동은 생리적인 현상으로 자주 일어나는 일이 아니기 때문입니다. 더구나 우리가 원하는 정해진 화장실장소에서의 배변은 그중에서도 드물게 목격하는 일이기 때문입니다. 정말 목격하기 힘든 장면을 목격했기에 소중하고도 놓쳐서는 안 될 기회인 것이지요. 가두지 않고 혼내지 않아도 되는 배변교육 과정에서는 실수할 확률이 그렇지 않을 확률보다 더 높은 가운데 목격하게 되는 천금 같은 기회인 셈입니다.

필자는 관찰과 보상을 게을리 한 탓에 배변교육의 성과가 좋지 못했던 사례를 수차례 경험했습니다. 1단계와 2단계 교육과정을 거치면 거의 대부분의 반려견들이 예전보다 정해진 화장실장소에서 배변하는 횟수가 늘어나게 됩니다. 그런데 그 이후 일정시기가 지나면 다시 예전처럼 아무 곳에나 배변하게 되는 사례가 종종 있었습니다. 이처럼 배변교육 초기에는 예전보다 배변확률이 높아지지만 일정 시간이 지나면 다시 배변확률이 낮아지게 되는 것은 두 가지 이유 때문입니다. 하나는 배변행위가 다른 원인의 영향을 받고 있기 때문일 수 있습니다. 분리불안증으로 인한 배변문제가 그 대표적인 케이스입니다. 이런 경우에는 배변행위에 영향을 미치는 다른 원인을 제거해 줘야 합니다. 분리불안증이 원인이라면 분리불안증을 치료해야 하는 것입니다. 두 번째 이유는 관찰과 보상을 게을리 하였기 때문입니다. 바쁘다는 핑계로 무신경하게 방치한 경우 반려견은 굳이 정해진 화장실장소에서 배변할 필요성을 느끼지 못하게 되거나 배변장소에서 용변을 보는 행동이 사람이 원하는 행동인지 아닌지를 알지 못하게 될 것입니다. 당연한 결과로 배변확률이 원상태로 복귀하게 됩니다.

## 2. 스케줄은 필요 없지만 배변주기는 알아야 한다

앞에서 배변훈련 프로그램은 필요하지 않다고 했습니다. 가두지 않고 혼내지 않아도 되는 배변교육에서는 배변교육을 위해 지켜야 할 시간표나 스케줄표가 불필요합니다. 그러나 성공적인 배변교육을 하려면 최소한 배변주기는 알고 있어야 합니다. 놓치지 않고 보상하기 위해서입니다.

배변주기는 반려견마다 차이가 있을 수 있습니다. 반려견과 함께 생활하고 배변교육을 위해 반려견을 관찰하다 보면 해당 반려견의 배변주기는 자연스레 알게 됩니다. 반려견이 배변할 가능성이 높은 시기에는 더 주의 깊게 관찰해야 합니다. 보상할 기회를 놓치지 않기 위해서입니다. (혼내기 위해서 관찰하라는 것이 아닙니다! 착각하지 마세요. 정해진 화장실장소에 배변을 유도하면 쉽게 용변을 보는 반려견이라면 배변이 예상되는 시기에 미리 화장실장소로 유도하는 것도 좋습니다.)

배변주기는 각각의 반려견에 따라, 생활습성이나 식사의 주기나 양 등에 따라 다르지만 대체로 다음과 같습니다. 이렇게 배변이 예상되는 시기에는 매우 주의 깊게 관찰하다가 정해진 화장실장소에서 용변을 보면 그때를 놓치지 말고 듬뿍 보상해줘야 합니다.

1) 아침에 잠에서 깨어났을 때
2) 밥이나 물을 먹고 난 이후
3) 낮잠을 자다가 일어난 때

4) 운동이나 놀이를 하는 도중이나 하고 난 직후
5) 흥분한 때나 그 직후
6) 불안하거나 스트레스를 받을 때

만약 여러분의 반려견이 위와 같은 일반적인 배변주기에 따라 배변이 예상되는 시기임에도 배변을 하지 않는다면 배변실수를 혼냈기 때문입니다. 혼이 나서 배변주기가 불규칙해지면 배변교육은 더 힘들어질 수밖에 없습니다. 한 번 더 강조하지만 혼내는 행동은 가두지 않고 혼내지 않아도 되는 배변교육의 가장 큰 적이요 실패요인이므로 절대로 삼가야 합니다.

**배변주기와 관련하여 한 가지 더 기억해야 할 점은 어린 강아지의 배변주기입니다.** 어린 강아지일수록 배변주기가 짧아 자주 용변을 보고, 성견과 달리 배변조절근육이 완전히 발달하지 않은 상태라 배변의 조절능력이 떨어져 배변이 마려우면 잠시도 참지를 못합니다. 당연히 배변실수가 잦을 수밖에 없습니다. 어린 강아지는 생후 4~5개월을 전후하여 배변의 조절능력이 성견에 가까워지게 됩니다. 이런 까닭에 어린 강아지는 자주 배변을 볼 수 있도록 배려해야 하고 배변장소를 여러 곳에 만들어주는 것이 좋은데, 잠자리나 주로 머무는 장소에서 멀지 않은 곳에 마련해주는 것이 좋습니다. 아울러 실수를 한다고 화를 내거나 혼내서는 절대로 안 되며,

배변을 가리지 못한다고 조급해하며 어린 반려견을 다그쳐서는 안 됩니다.


### 3. 잭팟을 터뜨려라

정해진 화장실장소에서 배변하면 듬뿍 보상해줘야 합니다. 한마디로 잭팟을 터뜨려줘야 합니다. 특히, 배변교육 초기라면 반드시 정확한 타이밍에서 잭팟을 터뜨려줘야 합니다. 반려견이 배변장소에서 용변을 보면 잭팟이 터진다는 사실 즉, 매우 큰 보상이 주어진다는 사실을 이해할 때까지 계속해야 합니다. 정해진 장소에서의 배변행위와 잭팟 사이의 연관성을 반려견이 이해할 때까지 잭팟을 터뜨려 주시기 바랍니다. 배변교육의 초기에 정확한 타이밍에서의 보상의 중요성은 아무리 강조해도 지나치지 않습니다. 처음 한두 번 정해진 화장실장소에서 용변을 볼 때 적절한 보상을 했느냐 하지 않았느냐에 따라 앞으로의 배변교육의 성패가 좌우된다고 해도 지나친 말이 아닙니다.

기쁜 마음에 큰소리로 고함을 지르거나 오버액션을 하기보다는 조용하면서도 신속하게 맛있는 간식을 여러 번 연속해서 반려견의 입 앞에 내밀거나 바닥에 뿌려주는 것이 좋습니다. 큰 소리를 지르는 행동, 지나치게 쓰다듬거나 껴안는 행동, 반려견을 향해 뛰어가는 행동 등은 오히려 반려견을 놀라게 하고 혼내거나 위협하는 행동으로 오해할 수 있으므로 하지 않는 것이 좋습니다.

### 4. 보상에도 품질이 있다

보상에도 품질이 있습니다. 반려견이 정해진 화장실장소에서 배변했을 때 보상하는 방법과 보상물의 종류에 관한 얘기입니다. 앞에서 잭팟을 터뜨려줘야 한다고 말한 것도 이와 관련된 내용이라고 할 수 있습니다.

반려견이 정해진 화장실장소에서 배변했을 때 보상을 하는 이유는 자신의 배변장소에서의 배변행위와 보상과의 연관성을 눈치 채거나 이해하도록 하려는 데에 그 목적이 있습니다. 둘 사이의 연관성을 이해하고 자발적 선택에 의해 정해진 배변장소에서 용변을 보도록 하려는 것입니다. 그러자면 반려견이 이런 우리 사람들의 의도를 이해할 때까지 보상행위를 반복해야겠지요. 반려견에 따라서는 금방 이런 의도를 눈치 채고 더 빨리 배변교육에 성공할 수도 있겠지만, 이해가 느리거나 배변을 가리지 못하는 데에 다른 이유가 개입한 경우에는 반려견이 이를 이해하고 다른 원인이 제거될 때까지 기다리며 참을성 있게 보상을 반복해야 합니다.

　여기서 사람의 의도를 좀 더 빨리 이해하도록 하자면 보상하는 방법에 유의해야 하며 보상물의 종류도 꼼꼼히 체크해야 합니다. 우선 원하는 장소에서 배변하면 그 자리에서 즉시 듬뿍 보상해줘야 합니다. 기쁜 목소리와 표정으로 보상해주는 것은 당연하겠지요. 평소와 다르게 특별히 더 보상해줘야 합니다. 잭팟을 터뜨려줘야 합니다. 간식을 주되 커다란 덩어리로 한 번만 주기보다 작은 조각의 간식을 수차례 연속하여 보상하는 것이 더 효과적입니다. 보상의 시점은 배변행위를 끝내고 막 일어나기 직전이나 일어나려는 찰나에 해주는 것이 좋습니다. 말없이 침착하면서도 신속하게 반려견 앞에 간식을 뿌려주거나 입에 넣어주기만 해도 되지만, 클리커를 클릭하거나 "옳지", "잘했어" 등 조용하면서도 경쾌한 칭찬의 말과 함께 해주는 것도 좋고, 가능한 배변장소 위에서나 배변장소 가까운 곳에서 보상을 해주는 것이 좋습니다. 좀 더 구체적으로 말하면 클리커를 클릭하거나 "옳지", "잘했어" 등의 칭찬의 말을 할 때에는 배변행위를 끝내고 막 일어나기 직전이나 일어나려는 찰나에 하는 것이 좋고, 간식 등의 보상물 또한 칭찬의 말과 동시에 그리고 배변장소 위에서 해주는 것이 가장 좋긴 하지만, 여의치 않다면 한 템포 늦더라도 칭찬의 말에 이어서 가능한 빨리 해주면 됩니다.

다음으로 중요한 것이 보상물의 종류입니다. 보상의 효과를 높이려면 반려견이 아주 좋아하는 간식 등을 보상물로 사용해야 합니다. 어려운 교육을 할 때일수록, 간식 등의 보상물을 통한 더 확실하고 빠른 교육효과를 원할수록 평소 먹어보지 못한 특별하고 맛있어하는 간식으로 보상하는 것이 좋습니다. 평소 먹어보지 못한 특별하고 맛있어하는 간식을 쓸수록 배변장소에서의 배변행위와 보상행위와의 연관성을 빨리 눈치 채고 사람의 의도를 이해하게 되어 자발적 선택에 의해 정해진 화장실 장소에서 배변하게 될 것이기 때문입니다. 보호자분들 중에는 평소 먹는 사료로 보상을 하거나 평소 쉽게 먹을 수 있고 반려견이 크게 좋아하지 않는 간식으로만 고집스럽게 보상하는 분들이 있습니다. 물론 그렇게 해도 보상의 효과가 전혀 없는 것은 아니지만 반려견이 느끼는 보상의 강도는 약할 수밖에 없습니다. 가두지 않고 혼내지 않아도 되는 배변교육을 하려면 보상의 효과를 최대한 활용해야 하며, 보상의 효과가 극대화될 수 있도록 세심한 부분까지 신경을 써야 합니다. 가두는 배변교육을 할 때보다 훨씬 더 보상의 질에 신경 써야 한다는 점을 잊지 마시기 바랍니다. 반려견이 여러분의 보상에 '만족'하는 정도를 넘어 '감동'하게 해주세요.

## 4단계: 오류와 수정

지금까지 1단계부터 3단계까지 지침대로 따랐다면 며칠이 지나지 않아 그 동안 해온 배변교육의 성과여부가 조금씩 드러나게 될 것입니다. 성과가 좋은 반려견이라면 배변교육을 시작한 당장 그날부터 정해진 화장실장소에서만 배변하게 되기도 합니다. 반대로 성과가 미미하거나 별다른 성과를 느끼지 못하는 반려견도 분명히 있을 수 있습니다. 여기서 배울 내용은 이처럼 배변교육을 진행했지만 성과가 미미하거나 별다른 성과를 느끼지 못하는 경우의 대처법에 관한 것입니다. 지침대로 배변교육을 진행했으나 발생할 수 있는 오류와 그 수정에 관한 내용입니다. 2단계에서 배운 배변확률을 높이는 방법과 관련된 내용이기도 하므로 실제 배변교육을 진행하는 과정에서는 반드시 그 부분과 연계하여 이해하고 있어야 합니다.

### 1. 배변장소에 대한 고정관념에서 벗어나라

화장실장소는 한 군데여야 한다는 법은 없습니다. 화장실장소를 한 군데로만 하겠다고 고집하는 것은 어리석은 일입니다. 배변교육 초기라면 배변패드 등 배변장소를 여러 곳에 배치하는 것이 좋습니다. 반려견에 따라 선호하는 위치도 다를 수 있고 배변

장소를 정확히 인지하지 못한 상태이므로 여러 곳에 배치하여 실수를 줄여주는 것이 좋을 것이기 때문입니다. 특히, 반려견이 어린 경우라면 배변패드 등을 더 여러 곳에 배치할 필요가 있습니다.

생후 4~5개월 이전의 어린 강아지는 배변을 조절하는 근육이 성견에 비해 충분히 발달하지 않은 상태여서 배변조절능력이 떨어지므로 자주 배변해야 하고 용변을 보고 싶으면 성견처럼 오래 참을 수 없어 쉽게 실수할 수 있습니다. 이런 실수를 최소화하려면 배변장소를 여러 곳에 배치해야 합니다. 그렇다고 언제까지고 배변장소를 여러 곳에 두어야 한다는 말은 아닙니다. 배변교육이 진행됨에 따라 주로 배변하는 장소의 배변패드는 남겨두고 빈도가 낮은 장소의 배변패드는 없애나가면 될 테니까요.


### 2. 반려견의 선호도를 반영하자

우리 사람이 생각하거나 원하는 배변장소와 달리 반려견이 원하거나 반려견의 시각에서 바라보는 배변장소는 다를 수 있습니다. 배변교육 초기 약간의 시행착오와 그간의 성과를 토대로 반려견의 선호도를 반영하여 배변장소를 재배치하는 것이 현명한 방법일 수 있습니다. 예를 들어, 몇 군데의 배변장소를 배치해뒀으나 다른 특정한 장소에 자주 실수하는 경향이 있다면 그 장소에도 배변 패드 등을 배치하는 것이 좋습니다.

## 배변패드에만 배변하게 해주세요?

얼마 전 배변교육이 필요하다는 의뢰를 받아 한 가정을 방문한 적이 있습니다. 성견이 된 시바견으로 친척이 키우던 것을 데려와 키우기로 했는데 원하는 장소에 배변하지 않고 실수를 계속해서 방문교육을 신청했다고 했습니다. 처음 방문해서 반려견이 생활하는 환경과 배변장소 등을 살펴보고 이런저런 상담을 진행했습니다.

시바견은 베란다 한쪽 끝에서 생활하고 있었습니다. 같은 베란다 다른 쪽 끝에는 배변패드를 깔아두고 있었고요. 물론 거실에도 한두 군데 배변패드를 깔아두고 있었습니다. 그런데 그 시바견은 배변패드에는 배변을 하지 않는다는 것이었습니다. 베란다 한쪽에 배변패드를 깔아두면 패드 위에는 배변하지 않고 패드 옆 타일바닥에 계속해서 배변을 한다는 것이었습니다. 거실에 깔아둔 배변패드에도 지금까지 한 번도 용변을 본적이 없다고 했습니다. 그렇다고 아무 곳에나 배변하는 것은 아니었습니다. 거실 바닥에는 좀처럼 실수한 적이 없고 주로 베란다의 배변패드 부근이나 욕실에 들어가서 배변한다고 했습니다. 그러면서 보호자분은 "배변패드에만 배변하도록 길들여주세요"라고 요청했습니다. 타일에 그냥 배변하면 냄새도 나고 매번 물로 청소하기가 쉽지 않다는 이유였습니다.

과연 보호자분의 요청처럼 배변패드에만 배변하도록 길들이는 것이 좋을까요? 그렇지 않다는 것이 저의 생각입니다. 보호자의 입장이나 원하는 것을 반려견에게 일방적으로 요구하거나 강요하는 것은 옳지 않은 태도입니다. 화장실장소를 정할 때는 반려견의 배변습성이나 선호도를 반영할 줄도 알아야 합니다. 물론 보호자분이 원하는 대로 배변패드에만 배변하도록 길들일 수는 있습니다. 시간이 걸리고 쉽지 않은 문제이긴 하지만 불가능하진 않습니다. 그러나 그건 욕심이고 강요이며 억지입니다. 반려견의 선호도와 감정도 존중해야 합니다.

이런 입장에서 배변장소는 시바견의 습성이나 선호도에 따라 배변패드가 아닌 베란다 한쪽이나 욕실의 타일바닥에서 배변하도록 하는 것이 가장 쉬우면서도 자연스러운 해법인 것입니다. 이렇게 하면 별도의 훈련 없이도 아무런 문제없이 얼마든지 배변을 잘 가리는 반려견이 되는 것입니다. 시바견의 사례처럼 반려견의 선호도와 습성은 무시한 채 보호자의 편의만 내세워 특정장소에서만 배변하도록 강요하는 것은 아무런 문제없는 반려견을 문제 있는 반려견으로 주홍글씨를 다는 것과 같으며, 사람의 일방적인 욕심을 반려견에게 억지로 강제하는 매우 이기적이고 배려심 부족한 태도가 아닐 수 없습니다.

### 3. 배변장소를 재점검하자

위의 2항과 관련된 내용으로 배변실수가 계속된다면 지금까지의 배변장소 배치가 적절한지 재점검할 필요가 있습니다. 소변을 보는 장소에서 대변을 같이 보려고 하지 않는 성향을 가진 반려견이라면 소변장소와 구분되는 대변장소를 별도로 마련해주는 것이 자연스런 해결책이 될 수 있습니다. 예를 들어, 소변은 배변판이나 배변패드에 잘 싸지만 대변은 좀처럼 배변패드가 아닌 다른 곳에 싸려는 반려견이라면 배변판이나 배변패드 외에 욕실이나 베란다 등을 대변장소로 사용하도록 허용하는 것이 좋습니다.

개들의 성장단계를 고려하여 배변장소를 재점검, 재배치할 필요도 있습니다. 활동범위가 넓지 않은 어린 강아지 때에는 배변장소를 침실과 식당장소에서 멀지 않는 곳에 주로 배치해도 되겠지만, 성장함에 따라 활동범위가 넓어지면 배변장소를 침실과 식당장소에서 되도록 먼 곳으로 이동시켜 배치하는 것이 좋습니다. 아니면 이를 감안하여 처음부터 침실과 식당장소에서 그리 멀지않은 곳에 배변장소를 배치하는 것과 동시에 침실과 식당장소에서 먼 장소에도 배변장소를 배치하는 것도 방법입니다.

### 4. 식사장소와 잠자리를 최대한 활용하라

앞에서 배운 1단계 '환경설정'에서 이런 얘기를 했습니다.

"배변장소를 정할 때 최우선적으로 고려되어야 할 사항은 반려견이 잠을 자고 밥이나 물을 먹는 장소 즉, 침실이나 식당장소와 배변장소는 반드시 공간적으로 분리되어야 한다는 점입니다. 침실이나 식당장소와 배변장소가 동일한 공간에 있어서는 안 됩니다. 침실이나 식당장소와 배변장소는 되도록 멀리 떨어져 있는 것이 좋으며, 같은 공간 내에서라면 서로 반대편에 둬야 합니다. 이런 원칙은 배변교육을 할 때 처음부터 끝까지 반드시 지켜져야 합니다."

환경설정과 배변장소를 정할 때 지켜야 할 위의 원칙은 오류를 수정하고 실수를 최소화하는 데에도 활용할 수 있습니다. 배변장소 배치에 관한 위의 원리를 거꾸로 뒤집어 배변실수를 줄이는 데 활용하면 매우 효과적입니다. 반려견이 특정한 장소에 반복적으로 실수하는 경우 이를 고치는 효과적인 방법이 바로 식사장소와 잠자리를 활용하는 것입니다. 반려견이 반복적으로 실수하는 장소에 밥그릇이나 물그릇을 두면 그 장소에 실수하는 것을 방지할 수 있습니다. 실수하는 장소가 여러 곳이면 밥그릇이나 물그릇을 실수하는 장소마다 배치해두면 됩니다. 그곳에서 실제로 밥을 주고 물을 먹게 하며 다 먹은 빈 그릇도 그곳에 두는 것이 좋습니다.

잠자리도 마찬가지로 활용할 수 있습니다. 집안이 어지럽다고요? 배변실수가 줄어들면 한두 군데만 남겨두고 나머지는 치워도 됩니다.

배변교육 진행 중에 반복적으로 실수하는 것을 방지하기 위해 사용할 수도 있지만, 배변실수를 줄이거나 예방하기 위한 목적으로 처음부터 밥그릇, 물그릇, 잠자리를 활용할 필요도 있습니다. 배변장소가 한 군데여야 한다는 법이 없듯이 식사장소와 잠자리도 한군데여야 한다는 법이 없습니다. 배변장소와 떨어져 있고 배변실수를 할 가능성이 높아 보이는 장소 곳곳에 밥그릇이나 물그릇, 잠자리를 비치하고 그곳에서 먹거나 잠을 자거나 휴식하게 하면 상대적으로 실수를 줄이고 배변장소에서 용변을 볼 확률을 높일 수 있습니다.

### 5. 면적을 넓혀라

넓은 배변판을 깔아두거나 여러 개의 배변판을 깔아주면 배변확률을 높이고 배변실수를 줄이는 데 도움이 됩니다. 배변패드도 마찬가지입니다. 베란다나 화장실 앞 등 반려견이 실내의 특정한 장소에 반복적으로 배변하는 경우가 있습니다. 이런 경우 차라리 반려견이 선호하는 곳을 배변장소로 정해주는 것도 나쁘지 않습니다. 그래서 그곳에다 배변판이나 배변패드를 깔아주면 자연스레 문제가 해결되기도 합니다. 그런데 반려견에 따라서는 그곳에 배변판이나 배변패드를 깔아주면 그 옆에다 용변을 보는 녀석들도 있습니다. 이럴 경우 그곳에 용변을 보도록 하려면 배변판이나 배변패드의 면적을 넓게 하여 특정공간의 바닥면 전체에 깔아 배변판이나 배변패드 이외의 빈 공간이 없도록 합니다. 그러면 대부분의 반려견들이 부득이 배변판이나 배변패드 위에서 용변을 볼 수밖에 없게 됩니다. 배변판이나 배변패드 위에서 용변을 보는 일이 익숙해지면 차츰 배변장소의 면적을 줄여나가면 됩니다. 처음에는 바닥 전체에 신문지나 배변패드를 넓게 깔아주다가 서서히 면적을 줄여나가는 방식은 이미 오래전부터 많이 활용해오던 배변교육 방식 중 하나이기도 합니다.*

## 6. 배변 외적 요소를 점검하라

지금까지 설명한 1단계에서부터 4단계의 지침에 따라 배변장소를 정하는 것에서부터 배변확률을 높이기 위한 여러 가지 노력을 충실히 하고 상당한 기간을 노력했는데도 좀처럼 배변이 나아지지 않는다면 배변교육에만 매달릴 것이 아니라 배변 외

---

* 부록 '신문지 등을 이용한 배변훈련법' 참조.

적 요인을 의심해볼 필요가 있습니다. 배변은 심리적·감정적 요소와 밀접하게 연관되어 있기 때문입니다. 여러 번 강조했듯이 배변은 감정의 리트머스이고 스트레스의 표현이기도 합니다. 반려견이 스트레스나 불안감을 겪고 있는 것은 아닌지, 환경상의 문제점은 없는지, 평소 생활에 스트레스를 유발하거나 문제는 없는지, 반려견이 개로서 누려야 할 본능적인 생활을 하지 못하는 것은 아닌지, 반려견을 대하는 사람의 잘못은 없는지 등 반려견이 힘들어하는 부분들을 꼼꼼히 체크하여 이를 없애주거나 줄여줘야 합니다.

이처럼 배변교육 외적인 다른 요인이 있어 배변이 나아지지 않음에도 그 사실은 까맣게 모른 채 배변교육 방법에만 매달려 반려견을 닦달하고 억지로 배변훈련을 시키는 것은 어리석고도 우스꽝스러운 일이며, 반려견과 보호자 모두를 힘들게 할 뿐만 아니라 배변문제를 영영 해결할 수 없게 될 수도 있습니다.

배변에 영향을 미치는 배변 외적 요소는 여러 가지입니다. 이와 관련한 구체적 내용은 4장에서 공부하도록 하겠습니다.

# 입양 초기의 배변교육

무슨 일이든 처음이 중요한 법입니다. 어린 강아지의 배변교육도 마찬가지입니다. 입양 초기에 배변교육을 어떻게 하느냐에 따라 평생의 배변습관을 좌우할 수 있으며 반려견의 성격형성에도 적지 않은 영향을 미치게 됩니다. 입양 초기 잘못된 방법이나 강압적인 방법으로 배변교육을 시키면 좋지 못한 배변습관이 형성되거나 배변과 관련된 트라우마를 형성하여 이를 되돌리기가 쉽지 않습니다. 이런 반려견들은 이 책에서 설명하는 가두지 않고 혼내지 않아도 되는 배변교육을 해도 아무런 효과가 없거나 미미한 경우가 많습니다. 그러므로 입양 초기의 배변교육은 그 중요성에 비추어 매우 신중해야 합니다. 입양하기 전 미리 올바른 배변교육 방법을 공부하거나 입양 당시부터 전문가의 도움을 얻는 것이 바람직합니다. 지금까지 배운 가두지 않고 혼내지 않아도 되는 배변교육의 방법을 토대로 입양 초기의 배변교육을 어떻게 하는 것이 좋을지에 대해 살펴보도록 하겠습니다.

사람들은 대체로 강아지를 입양하면 똥오줌을 아무 곳에나 싸는 것이 걱정되어서 울타리에 가둬두는 것부터 시작하는 경우가 일반적입니다. 그러나 입양하자마자 무턱대고 처음부터 울타리 등에 가두는 배변훈련 방식은 여러 가지 부작용을 유발할 수 있고 오히려 배변교육을 방해하거나 지연시키며 자연스런 배변행위의 장애요인으로 작용할 수 있다는 점은 앞에서 이미 설명한 바와 같습니다.* 배변교육을 한다며 무턱대고 처음부터 울타리 등에 가두는 행동이 오히려 배변교육을 실패하게 하는 원인이 될 수 있다는 것입니다.

입양 초기에 불필요한 스트레스를 줄이고 가두지 않은 상태에서 자연스레 배변교육을 하는 방법을 설명하면 다음과 같습니다.

1) 입양 첫날부터 가두어 격리시키지 말고 강아지와 같은 공간에서 잠을 자는 것이 좋습니다. 그렇게 해야 스트레스를 최소화하고 심리적인 안정감을 줘서 더 빨리 정상적인 배변활동을 할 수 있게 되고 원하는 장소에 배변하도록 길들이기

---

\* 1장 '무턱대고 가두지 마라' 참조.

가 쉬워집니다.

2) 강아지가 잠자는 장소 바로 옆에 밥그릇과 물그릇도 함께 위치시키고 그 반대편이나 구석진 곳 등에 배변판을 두거나 배변패드를 깔아둡니다.

3) 어린 강아지일수록 배변을 자주 해야 하고 참을 수 있는 능력이 부족하므로 배변판이나 배변패드는 가능한 여러 곳에 배치하는 것이 좋습니다. 배변판이나 배변패드의 수는 나중에 서서히 줄여나가면 됩니다.

4) 수시로 간식을 배변장소에 올려주는 등의 방법으로 배변장소에서 용변을 보도록 유도하고 배변확률을 높이기 위해 노력합니다. (3장 관련 항목 참조)

5) 강아지가 자주 실수하는 장소가 있다면 그곳에 밥그릇이나 물그릇, 강아지가 좋아하는 집이나 방석 등을 군데군데 배치하여 그 장소에서의 배변실수를 방지하거나 줄여나가도록 합니다. 아니면 차라리 주로 실수하는 장소에 배변장소를 마련해주는 것도 방법일 수 있습니다.

6) 강아지가 배변장소에서 배변하는 확률이 안정적인 수준으로 높아지면 배변장소의 수를 서서히 줄여나가고, 침실 및 식당장소와 배변장소의 거리를 넓혀나가거나 침실 및 식당장소에서 먼 장소에도 배변장소를 마련해 줍니다.

7) 어린 강아지일수록 감수성이 예민하여 주변의 변화에 민감하게 반응하기 쉬우며 배변조절능력이 떨어지고 용변을 자주 봐야 하므로 그만큼 실수할 가능성도 높습니다. 정해진 장소에 용변을 잘하다가도 어느 날은 갑자기 실수하기도 합니다. 실수할 수도 있다는 너그러운 마음으로 기다려줘야 합니다. 실수한다고 절대로 고함을 지르거나 때려서는 안 됩니다.

8) 정해진 배변장소에서 안정적으로 배변하던 반려견이 어느 날 갑자기 실수를 한다면 그 이유가 무엇일지 꼼꼼히 체크해서 원인을 파악하고 원인요소를 제거하는 등의 노력을 기울여야 합니다.

# 실수는
# 자연스런 행동이다

　배변실수는 자연스러운 행동입니다. 오히려 반려견이 배변실수를 하는 것은 당연하다고 생각하는 것이 맞습니다. 반려견이 배변실수를 전혀 하지 않고 완벽하기를 기대하는 마음 자체가 잘못된 생각이거나 지나친 기대라고 하는 것이 옳습니다. 그러므로 우리는 너그러운 마음으로 배변을 더 잘 가릴 수 있도록 도와주고 알려주되 느긋하게 기다려야 합니다.

　우리 사람을 생각해 봅시다. 아기로 태어나서 10살 전후가 되어야 비로소 배변을 실수하는 일이 줄어듭니다. 필자의 아들 녀석은 어릴 적 밤마다 이불에 세계지도를 그리다가 중학생이 되어서야 그런 실수를 하지 않게 되었습니다. 밤마다 실수하는 아들에게 우리 부부는 전혀 야단을 치거나 짜증을 내지 않았습니다. 아들이 성장하면서 자연스레 나아지리라 믿었기 때문이었습니다. 그렇게 10년이 넘게 실수하던 녀석은 중학생이 되자 언제 그랬냐는 듯이 이불에 지도를 그리지 않게 되었습니다. 만약 우리 부부가 아들의 실수를 번번이 야단치고 짜증을 냈다면 녀석은 늘 심리적인 부담감과 죄책감을 안고 하루하루를 보내야 했을 것입니다. 또한 아들의 정상적인 성장과 성격형성에 부정적인 영향을 주게 되었을 것입니다. 그래서일까요? 아들은 현재 원만한 성격의 청년으로 성장했답니다.

특히, 배변교육의 초기이거나 생후 4~5개월 이전의 어린 강아지라면 성견에 비해 자주 배변해야 하고 괄약근 등 배변과 관련된 근육들이 아직 완전히 발달하지 않아 배변실수는 정말 자연스럽고 당연한 일이 아닐 수 없습니다. 배변교육의 초기라면 아직 배변장소를 명확히 인식하지 못한데다가 배변을 할 때 사람이 원하는 것이 무엇인지도 잘 알지 못하는 상황입니다. 더욱이 아직 어려서 신체적으로는 물론 정신적으로도 미성숙하여 감수성이 예민하고 외부 자극에 쉽게 휘둘릴 가능성이 높기 때문입니다.

반려견이 실수하는 것이 당연하듯이 보호자가 너그러이 기다려줘야 하는 것도 당연합니다. 개구리 올챙이 적 생각을 모른다고 실수투성이였던 자신의 어릴 때를 생각하지 못하고 어린 아이를 야단치는 사려 없는 어른과 같다고 할까요. **배변실수**

를 혼내고 야단치는 행동은 배변교육을 망치는 가장 주된 원인이 됩니다. 현재 당신의 반려견이 배변을 가리지 못하는 것은 과거에 배변실수를 혼냈기 때문일 수 있습니다. 장차 당신의 반려견이 배변을 가리지 못하거나 배변교육이 무척이나 힘들다면 지금까지 배변실수를 혼내고 야단쳤기 때문일 수 있습니다. 혼내지 않는 것이 배변교육 성공의 가장 큰 비법입니다. 혼내지 않기만 해도 더 쉽고 빠르게 배변교육에 성공할 수 있습니다. '시키는 것'만이 배변교육이 아닙니다. '기다려주는 것'도 배변교육입니다.

## 칭찬만큼 중요한
## 실수했을 때의 대처법

이 책에서 설명하는 가두지 않고 혼내지 않아도 되는 배변교육을 할 때는 칭찬 즉, 때를 놓치지 않는 보상이 무엇보다 중요하다는 점을 앞에서 말씀드린 바 있습니다. 그에 못지않게 중요한 것이 실수했을 때의 올바른 대처법입니다. 실수했을 때 잘못 대처하게 되면 여러 가지 부작용을 일으킬 수 있으므로 주의해야 합니다. 특히, 실수할 때 혼을 내는 행동은 가두지 않고 혼내지 않아도 되는 배변교육을 실패하게 하고 힘들게 하는 가장 큰 장애요인이 되므로 절대로 해서는 안 된다는 점을 잊지 말아야 합니다.[*]

실수했을 때 해서는 안 될 잘못된 대처유형을 보면 다음과 같습니다. 이런 행동들은 반려견에게 배변실수에 대한 '반응'이

---

[*] 혼내는 배변교육의 부작용에 대해서는 1장 '혼내는 배변교육은 절대로 하지 마라' 참조.

나 '관심'으로 잘못 받아들여져 오히려 배변실수를 조장할 수 있으며, 배변행위와 관련된 스트레스를 유발하고 반려견과 사람 사이의 신뢰관계를 심각하게 훼손하게 되므로 절대로 하지 말아야 할 행동입니다.

1) 빤히 쳐다본다. 빤히 쳐다보는 것, 노려보는 것만으로도 혼내는 것과 다르지 않습니다. 고함지르고 때리는 것만 혼내는 것이 아닙니다.
2) 쳐다보면서 잔소리를 한다.
3) "안 돼" 등 큰소리로 고함을 지른다.
4) 실수하는 순간을 발견할 때마다 혼을 낸다.
5) 배변실수한 곳으로 데려가 배설물에 코를 대고 억지로 냄새 맡게 한 채로 잔소리를 하거나 혼을 낸다. 앞의 3), 4)항과 함께 사람들이 가장 많이 하는 잘못된 행동입니다.
6) 배변실수하기가 바쁘게 배설물을 치운다. 이런 행동도 배변실수에 대한 '관심'이나 '반응'으로 비춰질 수 있으므로 주의해야 합니다. 실수한 배설물은 잠시 기다린 뒤 반려견이 보지 않는 순간에 치우는 것이 좋습니다. (사람들은 개들이 기억력이 모자라 자신이 한 행동을 금방 잊어버린다고 생각합니다. 그러나 그렇지 않습니다. 배변실수를 했을 때 반려견을 보이지 않는 다른 곳에 있게 하고 청소한 뒤 관

찰해보면 조금 전 실수했던 장소로 가서 냄새를 맡는 등 확인하는 모습을 발견할 수 있습니다.)

   그렇다면 배변실수를 했을 때 어떻게 대처해야 할까요? 반려견이 배변을 실수하는 현장을 목격하더라도 애써 감정을 가라앉히고 아무리 화가 나도 고개를 돌리고 등을 돌려버려야 합니다. 반려견과 눈을 마주치지 말고 아무 말도 하지 않아야 합니다. 못 본 척 다른 곳으로 가버리는 것이 좋습니다. 잠시 뒤 반려견이 다른 곳으로 가 있거나 보지 않을 때 치우는 것이 가장 좋습니다. 배변을 실수한 흔적을 뒤늦게 발견한 경우에도 마찬가지입니다. 대신에 정해진 화장실장소에서 용변을 보았을 때 듬뿍 보상하여 '감동'하게 하면 됩니다. 이렇게 하면 개들은 자신이 배변실수를 했을 때와 정해진 장소에서 배변했을 때의 보호자의 대비되는 행동의 차이를 명확하게 인지하고 보상이 주어지는 쪽의 행동을 스스로 선택하게 되면서 점차 배변확률도 높아지게 됩니다.

   잘못을 혼내고 바로잡기 위해 관찰하고 감시할 것이 아니라 잘했을 때 칭찬하고 보상하기 위해 관찰하고 신경을 곤두세우고 있어야 합니다.

# 배변교육이
# 효과 없는 경우도 있을까?

 이 책에서 설명하는 가두지 않고 혼내지 않아도 되는 배변교육 방법이 통하지 않는 경우도 있을까요? 이 책에서 알려준 지침과 주의사항을 지키며 꾸준히 실천했음에도 배변교육이 좀처럼 나아지지 않고 끝내 배변교육에 실패하는 반려견도 있을까요?

 물론 있을 수 있습니다. 반려견 교육에서 '최선의 방법'은 있을지언정 모든 반려견에게 통하는 '완벽한 방법'이란 있을 수 없을 것이기 때문입니다. 똑같은 방법이 어떤 반려견에게는 통하지만 다른 반려견에게는 통하지 않는 경우도 많습니다. 배변교육 방법도 마찬가지입니다.

 그러나 반려견이 배변을 잘 가리려면 어느 정도의 시간이 필요합니다. 짧게는 1주일 이내일 수도 있고 1개월 이내일수도 있으나, 길게는 몇 개월이 필요할 수도 있습니다. 그러므로 앞에서 강조했듯이 반려견이 잘하리라 믿고 혼내거나 조급해하지 말고 기다려주는 자세가 정말 필요합니다. 반려견이 정해진 화장실 장소에서의 배변과 보상행위의 연관성을 아직 눈치채지 못했거나 이해하지 못했을 수 있기 때문입니다.

이 책에서 설명하는 가두지 않고 혼내지 않아도 되는 배변교육 방법을 실천했으나 그다지 개선효과를 얻지 못하는 경우가 있을 수 있는데, 다음과 같은 이유를 생각해볼 수 있습니다.

1) 과거에 배변실수를 이유로 번번이 혼이 난 까닭일 수 있습니다. 이 책의 가두지 않고 혼내지 않아도 되는 배변교육 방법을 시도하기 이전에 정해진 곳에 배변하지 않는다고 번번이 혼이 난 반려견의 경우 그에 따른 부작용으로 새로운 배변교육 방식에 적응하지 못하거나 오랜 시간이 필요할 수 있습니다.

앞에서도 여러 번 강조했지만 배변교육에 실패하는 가장 큰 이유가 혼내서 배변교육을 하려 하기 때문입니다. 배변을 실수한다고 반복적으로 혼이 난 반려견은 특정한 배변장소나 배변행위 자체에 트라우마가 형성되어 심한 스트레스를 느낄 가능성이 높고, 그로 인해 여러 가지 정서적 장애를 초래하거나 정상적인 정서발달을 방해받게 되며, 사람과의 신뢰관계가 파괴되는 등 심각한 부작용과 역효과를 겪을 수 있습니다. 이처럼 배변실수를 이유로 혼이 난 반려견은 그에 따른 부작용으로 비정상적인 심리상태를 갖고 있을 가능성이 높습니다. 이 상태에서 새로이 배변교육을 진행한다 하더라도 시간이 걸리거나 실패할 확률이 높은 건 당연합니다. 배변실수를 참지 못하고 혼내는 것은 배변교육 실패로 가는 급행열차입니다.

2) 배변교육에 무신경하게 방치한 경우입니다. 가두지 않고 혼내지 않는 배변교육에 더 빨리 성공하려면 관찰과 보상이 열쇠입니다. 배변장소를 적절히 배치하고 배변확률을 높이려는 노력을 해야 하며 평소 반려견의 배변행위를 주의 깊게 관찰하고 정해진 화장실장소에서 용변을 보면 즉시 보상해줘야 합니다. 바쁘다는 핑계로 무신경하게 방치한다면 성공확률이 떨어질 것은 당연한 이치입니다.

3) 배변실수가 습관화된 경우입니다. 엉뚱한 장소에 배변하는 행위가 오랜 기간 지속되어 다른 장소에 배변하는 행동이 습관화된 반려견을 새로이 다른 장소에 배변하도록 길들이는 일이 쉽지 않을 것임은 누구나 짐작할 수 있습니다.

4) 배변 외적 요인 때문일 수 있습니다. 반려견이 배변실수가 잦다면 배변장소를 몰라서 그런 것인지 아니면 배변 외적 문제 때문에 배변을 가리지 못하는 것인지를 정확히 파악하여 그

에 필요한 조치를 해야 합니다. 배변을 가리지 못하는 경우 실제 그 원인을 체크해보면 배변장소를 몰라서라기보다 배변 외적 문제가 원인이 된 경우가 많다는 사실은 이를 뒷받침해 줍니다. 배변실수의 원인이 배변교육 외적 요인 때문이라면 아무리 훌륭한 배변훈련 방법을 동원하여 배변교육을 시킨다한들 배변이 나아질 리 만무합니다.

5) 여러 가지 이유로 해당 반려견이 정해진 배변장소에 '전혀' 배변하지 않는다면 그 장소에 배변하도록 하기가 쉽지 않습니다. 예컨대, 반려견의 성향이나 과거의 좋지 못한 기억 등으로 배변패드 위에서는 전혀 배변하지 않으려는 반려견을 종종 볼 수 있습니다. 이런 반려견을 가두지 않고 혼내지 않아도 되는 배변교육 방법으로 배변패드에 배변하도록 하는 것은 좀처럼 쉽지 않으며, 설령 가능하다 하더라도 상당한 시일이 소요되어야 합니다. 특정한 장소에 '전혀' 배변하지 않는다면 다른 장소를 배변장소로 정해주거나 울타리 등을 사용하는 다른 배변훈련방법을 활용할 필요가 있습니다.

## 다른 배변훈련방법을 활용한 사례

이 책에서 소개하는 가두지 않고 혼내지 않아도 되는 배변교육 방법은 배변교육이 처음이거나 정해진 배변장소에서 가끔씩이나마 용변을 보는 반려견에게 활용하면, 예외가 있긴 하지만, 대체로 배변확률이 높아지는 등 상당한 효과를 얻을 수 있습니다.

그런데 여러 가지 이유로 정해진 화장실장소에서 '전혀' 용변을 보지 않는 반려견들이 있습니다. 이런 반려견들은 이 책에서 소개하는 가두지 않고 혼내지 않아도 되는 배변교육법으로 배변확률을 높이기 위한 과정을 충실히 거쳐도 여전히 정해진 배변장소에서 전혀 배변하지 않는 경우가 대부분입니다. 이때에는 두 가지 선택가능성이 있습니다. 하나는 다른 장소를 배변장소로 지정해주는 방법이고, 다른 하나는 이 책에서 소개하는 가두지 않고 혼내지 않아도 되는 배변교육 방법으로 하지 않고 처음부터 다른 배변훈련법으로 배변교육을 진행하는 것입니다.

한 가지 사례를 소개하겠습니다. 생후 3개월가량 된 비숑프리제로 배변패드를 깔아두면 소변은 약간의 실수가 있긴 하지만 대체로 배변패드에 올라가서 용변을 보는 편이지만 대변은 좀처럼 배변패드에서 보지 않고 거실 바닥에서만 보는데, 소변과 대변 모두를 배변패드에서 배변할 수 있도록 해달라는 요청이었습니다. 이런 경우 소변과 대변을 각각 다른 곳에서 배변하려는 성향을 가진 반려견으로 간주하여 소변장소는 배변패드로 하고 대변장소는 별도로 욕실이나 베란다 등을 지정해서 그곳으로 유도하는 방법이 한 가지 대안일 수도 있었지만, 꼭 배변패드에 소변과 대변을 함께 가리도록 해달라는 보호자의 간곡한 부탁이 있어 난감한 상황이었습니다. 이 강아지가 대변도 이따금씩이나마 패드 위에서 용변을 본다면 간식 등으로 배변확률을 높이는 방식으로 배변교육을 하면 성공할 수 있겠지만, 배변패드 위에서는 대변을 전혀 보지 않는 상태이므로 그런 방식으로는 패드 위에서 대변까지도 볼 수 있도록 교육하기가 무척 어려운 상황이라고 판단되었기 때문입니다. 이에 필자는 부득이 처음부터 울타리를 사용하는 방법으로 배변교육을 진행하기로 했습니다. 침실용 울타리와 화장실장소용 울타리를 각각 마련하여 서로 분리시키고 비숑 강아지를 침실용 울타리에 행동을 제한시켜서 배변교육을 진행했습니다.* 보호자분께는 1주일간 알려준 방법과 주의사항을 지키며 꾸준히 실천할 것을 숙제로 내주었습니다. 1주일 뒤 다시 방문했을 때 비숑 강아지는 어느 새 스스로 배변장소에 들어가서 소변은 물론 대변도 보게 되었다는 기쁜 소식을 들을 수 있었습니다.

이처럼 여러 가지 이유로 정해진 배변장소에 '전혀' 배변하지 않는 반려견은 이 책에서 소개하는 가두지 않고 혼내지 않아도 되는 배변교육 방법으로는 아무리 노력해도 정해진 배변장소에 배변하도록 교육하기가 쉽지 않습니다. 이때에는 처음부터 울타리 등을 사용하는 배변교육법을 활용하는 것이 현명합니다.

---

\* 부록 '울타리 배변훈련법 2' 참조.

## 다른 배변교육 방법이
## 필요한 때

 가두지 않고 혼내지 않는 배변교육은 울타리 등을 사용하여 가둘 필요가 없는 배변교육법입니다. 지침대로 잘 따라 해서 배변확률이 점차 높아지기만 한다면 울타리 등에 억지로 가두지 않아도 되니 반려견도 행복하고 사람도 행복할 수 있는 배변교육법이라고 할 수 있습니다.

 배변교육을 한다며 무턱대고 가둬서는 안 된다는 점은 앞에서도 강조한 바 있습니다. 그렇다고 다른 배변교육 방식의 필요성을 완전히 부정하는 것은 아닙니다. 특수한 사정이 있는 경우 등에는 울타리를 이용하는 등 다른 배변교육 방식을 활용하여 배변교육을 할 필요도 있다는 점을 부정하기는 어렵습니다. 특히 여러 가지 이유로 정해진 배변장소에 '전혀' 배변하지 않는 반려견은 부득이 울타리 등을 사용하는 다른 배변교육법을 활용하는 것이 현명하다는 점도 전 항에서 설명했습니다.

다만, 처음부터 무턱대고 가두어서 배변교육을 하려 하거나 다른 가능성은 고려하지 않은 채 일률적으로 가둬서 배변교육을 하려는 것이 잘못되었다는 의미입니다. 이런 의미에서 울타리 등을 이용하는 다른 배변교육 방식은 필요에 따라 '보충적으로' 사용해도 무방합니다. 보충적으로 활용해볼 수 있는 다른 배변교육 방법은 이 책의 부록에 수록된 '여러 가지 배변훈련 방법들'을 참조하면 됩니다. 다른 배변훈련 방법을 활용하는 경우에도 이 책에서 서술한 가두지 않고 혼내지 않아도 되는 배변교육의 방법과 원리는 마찬가지로 적용 가능하므로 이를 충분히 활용하기 바랍니다.

배변을 단순한 배변교육의 문제로만 봐서는 안 된다
배변은 스트레스의 표현이기도 하다
스트레스를 관리하라
배변은 스트레스의 표현이자 해소수단이다
분리불안증과 배변
분리불안증을 예방하기 위해서는 입양 초기가 중요하다
"금방 갔다 올게."
분리불안증 사례
건강한 생활에, 건강한 배변습관
산책과 배변교육
생활과 배변은 별개가 아니다

**제4장**

# 배변 외적 요소가 배변을 좌우한다

배변을 단순한 배변교육의 문제로만 봐서는 안 됩니다. 배변은 생활습관과 불안감, 스트레스 등 심리적인 문제와 밀접하게 연관되어 있기 때문입니다. 지금까지 여러 가지 방법으로 배변교육을 시도했지만 성공하지 못했거나 배변을 문제없이 잘 가리다가 갑자기 나빠진 경우라면 배변교육 외에 생활습관이나 심리 등 배변 외적 요소가 원인이 된 것은 아닌지 체크해야 합니다.

## 배변을 단순한 배변교육의 문제로만 봐서는 안 된다

 배변은 단순한 배변교육의 문제가 아닌 경우가 더 많습니다. 독자 여러분들께서는 말할 필요도 없이 배변교육의 구체적인 방법을 가장 궁금해 하겠지요. 물론 배변교육의 구체적인 방법을 정확히 아는 것도 소홀히 할 수 없는 부분이긴 하지만, 필자는 이 장에서 설명하는 내용도 결코 소홀히 해서는 안 된다는 점을 강조합니다. 오히려 배변교육의 구체적인 방법보다 이 장에서 다루는 내용들이 독자 여러분들께 꼭 전달하고 싶은 메시지입니다.

 필자는 매일 여러 가정을 직접 방문하여 배변문제를 해결해 달라는 많은 보호자분들을 만납니다. 반려견의 배변문제를 상담하다 보면 많은 경우 배변문제가 단순한 배변훈련의 문제가 아닌 배변 외적 문제와 연관되어 있음을 알게 되고 그때마다 새삼 배변문제 해결을 위해서는 배변 외적 문제해결이 중요함을 느끼게 됩니다.

  사람들의 일반적인 생각과 달리 배변을 가리지 못한다는 반려견 중 상당수가 배변장소를 어느 정도는 인지하고 있었습니다. 많은 반려견들이 정해진 화장실장소를 희미하게나마 인식하고 있는 경우가 더 많다는 거지요. 현실적으로 배변을 가리지 못한다는 반려견들은 적게는 10~20%에서 많게는 50~90% 정도까지 정해진 화장실장소에서 용변을 보는 반려견이 대부분이었습니다. 이것은 반려견이 배변장소를 인지하지 못해서라기보다 다른 문제 때문에 정상적인 배변활동이 방해받거나 배변 외적 요인에 의해 영향을 받고 있음을 의미합니다. 이런 반려견들에게 이른바 '배변훈련'만 열심히 시킨다고 배변문제가 해결되지 않을 것임은 당연합니다.

  따라서 배변문제를 해결하기 위해서는 항상 배변 외적 문제를 함께 고려해야 합니다. 배변실수 해결 등 사후에 배변문제를 해결하기 위한 경우뿐 아니라 배변교육을 하는 중에도 배변 외적 요소에 대한 고려와 관리는 병행되어야 합니다. 반려견의 배변문제를 배변교육의 문제로만 인식하거나 그런 측면에서만 해결하려고만 하면 배변교육에 실패하거나 최적의 솔루션을 제공하지 못하게 됩니다.

# 배변은 스트레스의 표현이기도 하다

 필자는 반려견들의 배변은 그들의 감정과 불가분의 밀접한 관련이 있다는 점을 이미 여러 차례 강조했습니다. 그래서 '배변은 감정의 리트머스다', '배변은 감정의 바로미터다', '배변은 스트레스의 표현이기도 하다' 등의 도발적인 표현을 서슴지 않았던 것입니다. 배변을 정의한 이들 표현들은 표현만 다를 뿐이지 그 의미는 다르지 않습니다. 이번 장에서는 이런 내용을 좀 더 구체적으로 살펴보도록 하겠습니다. 우선 독자 여러분의 이해를 위해 필자가 쓴 다른 책 『강아지 훈련 시키지 마라』에 실린 내용을 옮겨보겠습니다.

 "우리 강아지는 사람이 안 보면 꼭 아빠 방에 들어가서 똥오줌을 싸놔요. 아빠가 번번이 똥오줌 못 가린다고 혼내는데도 말이에요.

아빠가 야단쳐서 앙갚음하는 것 같기도 해요."

"우리 토토는 제가 외출했다가 돌아오면 꼭 제 신발에다가 오줌을 싸놔요. 혼자 놔두고 나가서 화가 나서 심술부리는 것 같기도 하고…, 혼내줘도 고쳐지질 않네요."

배변 교육이 되지 않는다는 반려견 보호자분들이 상담할 때 주로 하소연하는 말입니다. 이분들의 말씀에는 각각 두 가지씩의 잘못이 있습니다. 배변을 가리지 못하는 행동을 앙갚음한다거나 화가 나서 심술부리는 것으로 오해하는 것이 그 첫째입니다. 두 번째 잘못은 배변을 가리지 못한다고 혼내는 행동입니다.

제가 보기엔 배변을 가리지 못하는 위 두 가지 경우 모두 지극히 자연스런 행동으로 생각됩니다. 모두 다 힘들다는 표현을 그런 식으로 하소연하고 있다고 볼 수 있습니다. 좀 더 구체적으로 말하면, 스트레스와 불안감의 표현이라고 할 수 있습니다. 그렇습니다. 반려견들의 배변은 그들의 섬세한 감정 상태의 표현이라고 할 수 있습니다. 스트레스와 불안감의 표출이라고 할 수 있습니다. 좀 더 많은 예를 들어보도록 하겠습니다.

외출했다가 집으로 돌아올 때 오줌을 지리는 반려견들이 있습니다. 쳐다보거나 말을 하기만 해도 그런 경우도 있고, 만지기만 해도 오줌을 지리는 경우도 있습니다. 그럴 때 보통 사람들은 기쁜 나머지 흥분해서 오줌을 지리는 거라고 하거나 어릴 때 어미 개가 새끼 강아지의 배변을 처리하던 때의 습성이 남아 있어서 그런 거라고 말하기도 합니다. 하지만 어느 경우든 불안감이나 스트레스의 표현일 수 있습니다. 이런 경우 외출 후 귀가가 반려견에게 위협적인 모습

으로 비춰지거나 불유쾌한 기억과 연관되어 있지 않은지 되짚어봐야 합니다.

똥오줌을 잘 가리던 반려견이 애견 숍에서 미용을 하거나 동물병원 진료 후 아무 곳에나 싼다면, 미용이나 병원 진료가 반려견들에게 극심한 충격을 주었거나 스트레스를 유발했기 때문입니다.

새로운 집으로 이사하는 경우에도 마찬가지입니다. 낯선 환경은 사람들의 이사를 이해하지 못하는 반려견으로서는 상당한 충격이 될 위험성이 큽니다. 집안의 모든 짐들이 옮겨지고, 낯선 가구들이 새로 집안에 들어오기도 하고, 한동안 시끄러운 소음에 지속적으로 노출됩니다. 반려견의 눈에는 이삿짐을 꾸리며 분주히 왔다 갔다 하는 사람들의 행동이 평소와는 전혀 다르게 느껴질 것이 분명합니다. 이삿짐 옮기는 사람, 전화 기사, 인터넷 기사, 에어컨 기사 등 낯선 사람들의 출입도 빈번합니다. 영문을 모르는 반려견은 이 모든 것이 불안하고 스트레스 받는 상황이 됩니다. 새로운 환경에 적응하려면 최소 2, 3주 이상 걸린다고 합니다. 배변을 잘 가리던 반려견이 엉뚱한 곳에 똥오줌을 싸거나 여러 가지 이상행동을 보인다고 해서 전혀 이상할 것이 없습니다. 반려견의 불안한 심리 상태를 이해한다면, 지극히 자연스런 행동이 아닐 수 없습니다.

반려견들은 스트레스를 받거나 불안해지면 신체적, 정신적으로 여러 가지 징후를 나타냅니다. 그런 증세 중에는 잦은 배변 행위로 나타나기도 하는데요. 커다란 두려움이나 갑작스런 공포는 스트레스 호르몬인 아드레날린을 분비하고 교감신경계를 활성화시켜, 직장을 자극하여 변을 보게 합니다. 또 수분 밸런스를 변화시켜 보다 자주 오줌을 누게 합니다. 스트레스로 인한 배변 행위는 반려견으로선 무의식적이고도 어쩔 수 없는 반사작용일 따름입니다. 절대 일부러 그런 것이 아님을 아셔야 합니다. 멍청해서 그런 것도 아니니 제발 화를 내거나 혼내서 고치려 하지 마세요. 이처럼 반려견들에게 있어 배변은 감정 상태를 표현하고 불안감이나 스트레스를 표출하는 자연스런 행동입니다.

자, 주목하세요. 문제는 여기서부터입니다! 이를 대하는 사람들의 잘못된 태도가 문제의 시발점이 됩니다. 자연스러우면서도 일시적인 현상을 고질적이고 습관적인 문제 행동으로 바꾸는 것은 다름 아닌 우리 사람입니다. 스트레스로 인한 자연스런 배변 행위를 앙갚음이나 화가 나서 심술 부린다는 식으로 받아들이거나, 정해진 장소에 배변하지 않으면 혼난다는 사실을 알면서도 눈치를 살피며 계속 똥오줌을 아무 곳에나 싼다고 오해하여 반려견에게 고함치고 쉬이 혼내는 행동이 문제를 악화시킵니다. 이는 겁먹은 아이에게 겁먹지 말라고 호통을 쳐대는 것과 다르지 않습니다. 겁먹은 아이에게 고함을 치면 아이는 주눅이 들어 아무것도 할 수 없게 됩니다. 스트레스나 불안감 때문에 자신도 모르게 어쩔 수 없이 하게 되는 배변 실수는 보통 일시적 현상에 불과하여, 스트레스 요소가 제거되거나 시간이 지나면 저절로 나아집니다. 하지만 그런 반려견을 혼내면 스트레스나 불안감을 더 가중시켜 배변 실수를 습관화, 고정화시키는 결과를 가져옵니다. 나아지기는커녕 사태를 더 악화시키고 장기화시키게 되는 것입니다. 설상가상雪上加霜이란 말은 이런 경우를 두고 하는 말입니다. 배변 실수를 절대로 혼내서는 안 되는 이유가 바로 여기에 있습니다.

반려견이 배변을 잘 가리지 못할 때 이를 반려견 배변 교육만의 문제로 접근하는 것은 편협한 태도입니다. 문제의 핵심인 원인은 그대로 두고, 엉뚱한 곳만 건드리는 것과 같습니다. 이래서는 정해진 장소에서 배변하지 않는 반려견의 문제 행동을 영영 고칠 수 없습니다. 스트레스 요소를 꼼꼼히 체크하여 그것을 없애주는 노력을 게을리하지 않아야 합니다. 당신의 반려견이 스트레스를 잘 받는 기질의 반려견이 아닌지 생각해보세요. 만약 그런 성격의 반려견이라면 세심한 주의가 필요합니다. 주변 환경을 꼼꼼히 체크하여 스트레스 요소가 있는지 살펴봐야 합니다. 생활습관을 돌이켜 보고 스트레스나 불안 요소가 있는지도 따져봐야 합니다. 나를 포함하여 가족들이 평소 반려견을 대하는 방식이나 행동에 문제가 없는지 돌이켜봐야 합니다.

당신의 반려견이 배변을 잘 가리지 못하나요? 그럼 이제부터 이렇게 생각하면 어떨까요?

"이 녀석이 요즘 무척 힘든가 보네. 어디가 아픈 거니? 무슨 힘든 일이 있는 거니? 걱정 마! 내가 꼼꼼히 살펴봐줄게…, 안심해…. 그리고 기다릴게…."라고 말입니다.

## 스트레스를 관리하라

스트레스와 배변은 떼놓을 수 없는 밀접한 연관을 지니고 있습니다. 과도한 스트레스에 지속적으로 노출된 개는 여러 가지 이상행동을 보일 가능성이 높고 배변과 관련한 크고 작은 문제를 일으키게 됩니다. 배변과 스트레스는 별개의 문제가 아닙니다. 배변교육을 잘 하려면 스트레스 관리는 필수입니다. 반대로 스트레스 관리를 잘하면 배변 때문에 속을 썩일 일이 없을 것이고 매우 수월하고도 성공적인 배변교육을 할 수 있습니다. 넓은 의미로 보면 반려견의 스트레스를 줄여주고 스트레스를 최소화하는 것이 다름 아닌 배변교육이라고 표현할 수 있습니다. 반려견의 스트레스를 관리하는 것이 곧 넓은 의미의 배변교육이라고도 할 수 있습니다. 그만큼 스트레스와 배변의 관계는 중요하고도 밀접합니다.

일반적으로 스트레스에 매우 예민한 사람이 있는 반면, 스트레스에 상대적으로 덜 예민하고 둔감한 사람이 있습니다. 이럴 경우 동일한 상황, 동일한 스트레스 강도에도 각각의 사람이 느끼는 스트레스의 강도는 다를 것이며 그에 따른 반응과 스트레스의 부작용 또한 다를 수밖에 없습니다. 반려견의 경우도 이와 다르지 않습니다. 일시적인 스트레스는 금방 회복되므로 큰 문제가 없으나 문제는 만성적인 스트레스입니다. 보호자는 반려견이 만성적인 스트레스에 노출되지 않도록 늘 주의를 기울여야 합니다.

사람에게 스트레스가 만병의 근원이 되듯 반려견에게도 스트레스는 만병의 근원인 동시에 모든 문제행동의 원인이 됩니다. 배변교육은 말할 것도 없고 사랑스런 반려견이 더 건강하고 오래 살기를 바란다면 반려견의 스트레스를 꼼꼼히 관리하시기 바랍니다.

## 스트레스의 원인

스트레스를 유발하는 원인을 살펴보면 아래와 같습니다. 보호자는 반려견이 아래 사항에 해당되는 것이 아닌지 늘 관심을 기울여야 합니다.

1) 과도한 운동
2) 갈증과 배고픔
3) 운동 및 활동부족
4) 너무 덥거나 추운 기온
5) 지나친 소음
6) 과도한 흥분이나 놀이
7) 휴식이나 수면부족
8) 통증과 질병
9) 분리불안
10) 지나친 요구나 훈련
11) 강압적인 훈련이나 벌
12) 혼내거나 위협적인 행동
13) 좁은 장소에 가두거나 줄을 묶는 등 행동의 지나친 제한
14) 갑작스런 환경변화

## 반려견의 스트레스를 줄이는 방법

스트레스를 유발하는 다양한 원인들은 앞에서 살펴본 바와 같습니다. 따라서 반려견의 스트레스를 줄이려면 위와 같은 상황에 지속적으로 노출되지 않도록 해야 하며 다음 사항에 유의해야 합니다.

1) 반려견의 타고난 본능을 충족하는 정상적인 생활을 할 수 있도록 배려해야 합니다. 주기적이고 규칙적인 산책은 이런 본능적 욕구를 충족시켜주며 스트레스를 예방합니다. 실내견이라고 실내에서만 가둬두고 키우는 것은 개들의 본능에 배치되는 비정상적인 생활로 심각한 스트레스를 유발할 수 있습니다.

2) 절대로 혼내거나 강압적으로 대하지 않아야 합니다. 이유가 어찌되었건 간에 혼내거나 강압적으로 대하면 반려견은 사람과의 신뢰관계를 잃게 됨은 물론이고 심각한 스트레스를 받게 됩니다.

3) 생후 3~4개월 이전 사회화기에 사회화 교육을 충분히 시켜줘야 합니다. 사회화기에 적절한 사회화 교육을 시켜주지 않을 경우 소심하고 자신감이 없는 개로 성장하여 사소한 자극에도 심한 스트레스를 받으며 평생을 살아가게 될지도 모릅니다.

4) 반려견이 무서워하거나 거부반응을 보이는 상황 또는 대상을 억지로 강요해서는 안 됩니다. 예컨대, 목욕을 싫어한다면 강압적으로 목욕을 시켜선 안 됩니다.

5) 반려견이 오랜 시간 집에 홀로 있어야 한다면 분리불안증을 겪지 않도록 주의해야 합니다. 현대 도시사회에서 반려견이 겪는 가장 큰 스트레스는 분리불안이라고 할 수 있을 만큼 분리불안증을 예방하고 치료하는 일은 매우 중요합니다.

6) 평소 반려견이 힘들어하고 불안해하는 것이 무엇인지 관찰하고 적절한

조치를 취해줘야 합니다.

7) 반려견의 몸짓언어와 카밍시그널을 충분히 이해하고 평소 반려견을 대하는 데 주의해야 하며, 반려견의 의사표현 또는 감정표현을 존중해줘야 합니다.

8) 평소 특정상황에서 과도하게 흥분하는 것은 아닌지 살펴봐야 합니다. 과도한 흥분은 스트레스 상황과 유사하므로 주의해야 합니다.

9) 과도하게 흥분시키는 게임이나 놀이, 지나친 운동은 피하는 것이 좋습니다. 다른 개와 너무 오랜 시간 놀이를 하도록 방치하는 것도 좋지 않습니다.

10) 새로운 상황이나 반려견이 두려워하는 상황에 직면한 경우, 반려견에게 새로운 것을 가르치려는 경우에는 조금씩 익숙해지게 하되 상황에 압도당하게 해서는 안 됩니다. 반려견이 감당할 수 있는 수준의 미세한 스트레스에 조금씩 노출시켜 스트레스에 대한 저항력을 길러줘야 합니다.

11) 충분한 휴식을 취할 수 있게 해야 합니다.

12) 충분한 먹이와 물을 공급해줘야 합니다. 자율급식은 먹이에 대한 집착과 스트레스를 줄여줍니다.

13) 반려견과 같은 공간에서 잠을 자는 것이 무리와 함께 하려는 개들의 본능에 부합하며 정신적 안정감을 주고 스트레스를 줄여줍니다.

14) 어떤 상황이나 행동을 정례화·의례화하여 반려견이 다음에 일어날 상황을 예측할 수 있게 하는 것이 좋습니다.

15) 이사 등 갑작스런 환경변화는 매우 큰 스트레스를 유발합니다. 미리 새로운 환경에 익숙해질 수 있는 기회를 주는 것이 좋으며 노즈워크 등을 통해 바뀐 환경에 빨리 적응하여 심리적 안정감을 느낄 수 있도록 세심

한 배려가 필요합니다.
16) 평소 반려견에게 질병이나 통증이 없는지 주의해서 관찰하고 관리해야 합니다. 미용이나 동물병원 진료도 스트레스를 유발하는 원인이 됩니다. 불가피한 미용이나 동물병원 진료 후에는 세심한 주의를 기울여야 합니다.
17) 다양한 형태의 노즈워크는 스트레스를 줄여주고 예방하는 효과도 있습니다.
18) 씹을 수 있는 장난감을 주는 것은 스트레스를 줄여주고 예방하는 효과가 있습니다.
19) 너무 춥거나 더운 건 아닌지, 소음이 지나치게 많은 건 아닌지 등 반려견이 현재 생활하는 환경조건이 적절한지를 수시로 체크해야 합니다.
20) 좁은 장소에 오랫동안 가둬두거나 줄을 묶어서 생활하게 하는 등 행동이나 자유를 지나치게 제한해서는 안 됩니다.

# 배변은 스트레스의 표현이자
# 해소수단이다

　배변은 반려견의 감정이나 심리상태의 표현이자 스트레스의 표현임을 여러 차례 강조했습니다. 이것은 배변교육의 대전제大前提라고 할 수 있습니다. 이 사실만 잊지 않고 기억하고 있어도 배변교육을 수월하게 할 수 있으며, 배변문제 때문에 겪게 되는 대부분의 문제들을 예방하고 손쉽게 해결할 수 있습니다.

　반드시 기억하세요. 반려견들은 불안감을 느끼거나 스트레스를 겪는 등 비정상적인 감정상태에서는 배변할 확률이 높다는 사실을. 그런 상태에서는 배변실수를 할 가능성이 매우 높다는 사실을. 어떤 상황에서 배변한다는 것은 그 상황에서의 감정상태를 반영하고 있다는 사실을. 배변실수를 하는 것은 현재 반려견이 심리적으로 불안정하거나 스트레스를 느끼고 있다는 사실을. 배변실수를 반복한다는 것은 반려견이 현재 힘들다는 표현을 하고 있다는 사실을.

한편, 배변은 스트레스를 해소하거나 줄여주는 역할도 합니다. 배변이 감정상태나 스트레스를 표현하는 것이라는 사실을 뒤집어 생각해보면 이런 사실을 어렵지 않게 짐작할 수 있습니다. 불안감을 느끼거나 스트레스를 받으면 배변한다는 것은 스트레스나 불안감을 배변행위를 통하여 해소하거나 줄이려는 무의식적이고도 자연스런 생리활동이라고 볼 수 있기 때문입니다. 이 점에 대한 이해는 배변이 감정상태나 스트레스를 표현하는 것이라는 점을 이해하는 것 못지않게 중요합니다. 우리는 이 사실을 이용하여 반려견을 키우고 교육하는 데 매우 유용하게 활용할 수 있습니다. 마음껏 배변하게 함으로써 스트레스를 줄여주거나 해소시켜줄 수 있습니다. 독자 여러분은 지금껏 산책을 나가면 실내에 있을 때와는 달리 반려견이 자주 용변을 보는 일을 누누이 목격해 왔을 것입니다. 이렇게 산책을 자주 나가서 마음껏 배변할 기회를 주면 스트레스를 줄이거나 해소하는 데 매우 효과적입니다. 산책을 규칙적으로 자주 나가는 일이 반려견에게 좋은 이유가 여기에 있습니다.

## 배변, 스트레스, 노즈워크의 삼각관계

반려견의 배변과 감정 및 스트레스와의 밀접한 관련에 대해서는 앞에서 이미 여러 차례 강조하여 잘 알고 있을 것입니다. 여기에 더하여 배변과 밀접한 연관성을 가지는 또 하나는 코로 냄새를 맡는 일 즉, 노즈워크입니다. 노즈워크와 배변 또한 매우 밀접한 관련이 있습니다. 배변이 감정 및 스트레스와 밀접한 관련이 있는 만큼 노즈워크와도 밀접한 관련이 있습니다. 이 점은 이미 3장에서도 배변확률을 높이는 방법과 적용원리 중 하나로 언급한 바 있습니다. 가장 빈번하게 관찰할 수 있는 예로 개들이 용변을 보기 전 항상 이리저리 코로 냄새를 맡다가 배변하는 것만 봐도 이런 사실을 쉽게 짐작할 수 있습니다.

위와 같은 사실에서 우리는 다음과 같은 결론을 얻을 수 있습니다. **배변은 감정 및 스트레스와 밀접할 뿐 아니라 코로 냄새 맡는 일 즉, 노즈워크와도 밀접하다는 사실입니다. 필자는 이를 '배변, 스트레스, 노즈워크의 삼각관계'라고 표현합니다.** 이들 삼각관계는 다음과 같은 사실을 말해주고 있습니다.

1) 스트레스나 불안감을 느끼면 용변을 보거나 배변실수를 하는 경향이 있습니다. 거꾸로 배변을 함으로써 스트레스나 불안감을 표출하거나 해소하려 합니다.

2) 스트레스나 불안감을 느끼면 코로 냄새를 맡는 경향이 있습니다. 반대로 코로 냄새를 맡는 행동을 하면 스트레스나 불안감이 줄어들거나 해소되는 효과가 있습니다.

3) 코로 냄새를 맡으면 쉽게 배변하는 경향이 있으며, 배변은 늘 노즈워크를 동반합니다.

이처럼 배변, 스트레스, 노즈워크 3가지는 서로 떼려야 뗄 수 없는 매우 밀접한 상호관계를 가지고 있습니다. 이들 관계를 그림으로 표현하면 아래와 같습니다. 이 점을 이해하면 배변확률을 높이는 등 배변교육을 하거나 여러 가지 배변문제를 해결하는 데 매우 유용하고 효과적으로 활용할 수 있습니다.

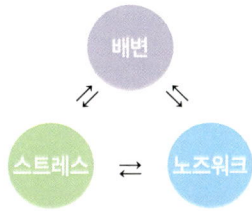

# 분리불안증과 배변

감정상태 또는 스트레스와 배변행위와의 상관관계를 보여주는 가장 대표적이고도 흔한 증세가 분리불안증입니다. 현대를 살아가는 수많은 반려견들이 분리불안증 때문에 힘들어하고 있다고 볼 수 있습니다. 대부분의 가정에서 맞벌이를 하는 까닭에 가족들이 모두 외출하고 나면 반려견은 혼자 쓸쓸히 집을 지켜야 합니다. 많게는 하루 10시간 이상을 아무도 없는 집에서 보호자가 돌아오기만을 하염없이 기다려야 합니다. 잠시도 혼자 있기를 싫어하는 반려견에게 10시간은 어마어마하게 길고 힘들며 지루한 시간일 수 있습니다. 이런 날들이 하루나 이틀이 아니고 몇 달씩, 몇 년씩 지속된다면 반려견의 삶은 피폐해질 대로 피폐해지고 만성적인 스트레스를 겪을 수 있습니다. 그 결과 울거나 짖고 집안 물건을 물어뜯으며 배변실수를 하는 등 여러 가지 분리

불안 증세를 보이게 됩니다.

  분리불안증으로 인한 증세나 이상행동은 여러 가지입니다. 가족이 모두 외출하고 혼자 남으면 울거나 짖고 집안 물건을 물어뜯기도 하고 실내 아무 곳에나 배변하기도 하는 것이 대표적인 증세입니다. 그중에서 분리불안증으로 인한 배변실수는 평소에는 정해진 화장실장소에서 실수 없이 용변을 보지만 가족이 모두 외출하고 반려견 혼자 남으면 실내 아무 곳에나 배변하는 형태로 나타나는 것이 보통입니다. 어떤 반려견은 똥을 먹기도 하고 똥오줌을 집안이나 자신의 몸에 묻히기도 합니다. 따라서 반려견의 배변실수가 분리불안에 의한 것인지 아닌지의 여부는 보호자가 함께 있을 때와 비교하여 혼자 있을 때 배변실수 빈도가 더 높다면 분리불안증에 의한 배변실수로 의심해볼 수 있습니다. 그러나 분리불안증에 의한 배변실수가 혼자 있는 때에만 해당된다고 보는 것은 옳지 않습니다. 반려견에 따라서는 분리불안증의 영향이 보호자가 없는 때에만 나타나는 것이 아니라 보호자가 함께 있는 동안에도 영향을 미쳐 평상시에도 배변실수가 계속되거나 배변교육을 해도 좀처럼 나아지지 않을 수 있습니다. 혼자 있을 때의 분리불안증이 보호자가 함께 있는 동안에도 반려견의 배변행위에 영향을 미칠 수 있기 때문입니다. 그러므로 배변교육을 하거나 배변실수를 해결하려 할 때에는 늘 이런 가능성을 염두에 두고 분리불안승과의 연관성을 체크해봐아 힙니다.

서두에서 얘기했듯이 감정상태 및 스트레스와 배변행위와의 상관관계를 보여주는 가장 대표적이고도 흔한 증세가 분리불안 증입니다. 바꾸어 말하면, 분리불안증은 배변행위에 영향을 미치는 가장 대표적이고도 흔한 증세입니다. 분리불안증은 감정상태나 스트레스가 배변행위나 배변실수에 결정적인 영향을 미친다는 사실을 실증적으로 보여주는 증거이자 사례입니다. '배변은 감정의 리트머스다', '배변은 감정의 바로미터다', '배변은 스트레스의 표현이기도 하다'는 표현을 실증적으로 뒷받침해주는 가장 빈번하고 대표적인 사례가 분리불안증이라는 말입니다.

따라서 배변교육을 하고 배변문제를 해결하려면 분리불안증 여부를 필수적으로 체크해야 합니다. 배변문제를 해결해 달라는 의뢰를 받아 가정을 방문해서 반려견의 행동을 관찰하고 상담해보면 분리불안증이 원인이 되어 배변을 가리지 못하는 사례가 정말 많습니다. 심지어 배변교육 의뢰를 받아 가정을 방문해보면 정작 필요한 것은 배변교육이 아니라 분리불안증 교육이 필요한 사례가 많습니다. 이런 경우 배변교육을 할 것이 아니라 분리불안증 교육을 중점적으로 해야 합니다.

만약 당신의 반려견이 배변실수를 반복하거나 배변교육을 해도 좀처럼 개선되지 않는다면 분리불안증 여부를 반드시 체크해봐야 합니다. 분리불안증이 배변실수의 가장 직접적인 원인일 수 있으니까요. 배변교육에 성공하고 싶다면 항상 분리불안증의 가능성을 미리 염두에 둬야 합니다. 배변교육과 함께 분리불안증 예방교육과 치료교육을 병행하지 않으면 안 됩니다.

# 분리불안증을 예방하기 위해서는 입양 초기가 중요하다

입양 초기의 배변교육이 중요하듯 분리불안을 예방하는 데에도 입양 초기에 어떻게 대처하느냐가 중요합니다. 입양 초기부터 몇 가지 주의사항을 지키면 분리불안을 예방할 수 있고 그로 인해 큰 어려움을 겪지 않아도 됩니다. 강아지를 입양했다면 아래 3가지 사항을 실천해야 합니다. 낯선 장소로 새로 이사한 때에도 마찬가지입니다.

1) 입양 초기의 처음 몇 주 동안 특히 주의해야 합니다. 집을 편안하고 안전한 장소로 인식하도록 하는 것이 무엇보다 중요합니다. 따라서 바뀐 환경에 적응하기까지 입양 후 한동안은 반려견과 집에 같이 머물러주는 것이 좋습니다.
2) 입양 초기부터 너무 오랜 시간 집에 혼자 두거나 아무런 준비 없이

갑작스레 혼자 두고 외출하는 일이 없어야 합니다. 부득이 가족이 모두 외출해야 하는 상황이라면 동행하거나 다른 사람에게 대신 봐달라고 부탁하는 것이 좋습니다.

3) 혼자 남는 상황에 조금씩 서서히 적응시켜야 합니다. 혼자 남는 상황에 적응되지 않은 상태에서 갑작스레 혼자 두고 외출하면 강아지는 공포심에 패닉상태에 빠져 혼자 남는 상황을 더 두려워하거나 싫어하게 됩니다. 분리불안증은 여기서부터 시작될 수 있으므로 주의하지 않으면 안 됩니다. 혼자 남는 상황에 조금씩 서서히 적응시키는 방법은 다음 항에서 설명하겠습니다.

## "금방 갔다 올게."

입양 초기에는 혼자 남는 상황에 조금씩 서서히 적응시켜야 합니다. 그 방법은 '금방 되돌아온다는 인식'을 심어주면 됩니다. 이미 분리불안증이 생긴 경우에도 마찬가지입니다.

처음에는 실내에서 반려견이 보이는 상태에서 잠깐 반려견에게서 떨어졌다가 금방 되돌아오기를 반복합니다. 다음에는 반려견이 보이지 않는 다른 공간으로 사라졌다가 금방 되돌아옵니다. 반려견이 불안해하지 않는다면 방으로 들어가 방문을 닫고 사라졌다가 금방 되돌아오기를 반복합니다. 이런 과정에 익숙해지고 불안한 모습을 보이지 않는다면 현관문을 열고 바깥으로 나갔다가 금방 되돌아오기를 반복하면 됩니다. 이때 반려견에게서 멀어질 때마다 손바닥을 보이며 신호를 하는 것이 좋고, 금방 되돌아오기를 쉼 없이 연속해서 반복하지 말고 반려견에게로 되돌아와서 다시 다른 곳으로 가기까지에는 약간의 시간간격을 둬야 합니다. "갔다 올게"라는 말을 해도 좋습니다. 반려견을 혼자 두고 다른 공간으로 이동할 때마다 반려견이 좋아하는 간식을 던져주면 더 빠른 성과를 얻을 수 있습니다.

  분리불안증은 단기의 교육만으로는 나아지지 않는 경우가 많으므로 포기하지 않고 꾸준히 실천하는 것이 중요하고, 전문가의 도움을 받아 체계적으로 교육하는 것이 좋습니다.

# 분리불안증 사례

요크셔테리어 5살 수컷인 '까미'를 만난 건 2년 전입니다. 배변을 가리지 못한다는 녀석이었습니다. 아침이 되면 가족이 모두 외출하는데 오후 6시가 넘어야 귀가한다고 합니다. 보호자의 말에 의하면 외출했다가 일을 마치고 집으로 돌아오면 매일 온 집안은 난장판이라고 합니다. 현관 입구는 물론이고 거실 바닥 곳곳이 똥오줌으로 범벅이 되다시피 했습니다. 거실바닥과 현관 입구에 배변패드를 깔아두었지만 소용이 없었습니다. 보호자는 매일 밖에서 하루 종일 일을 하느라 녹초가 되어 귀가하면 온 집안에 널려 있는 배설물을 치우느라 한 번 더 곤욕을 치러야 하는 탓에 무척 지쳐 있는 상태였습니다. 그래서 까미에게 화를 내고 혼을 내기도 했다고 합니다. 물론 아무런 효과도 없었습니다. 여러 차례 고함치며 화를 내고 혼낸 탓에 이제는 사람이 보는 때에는 용변을 보지 않는다고 하였습니다. 보호자는 다른 것보다 우선 배변을 정해진 장소에 가릴 수 있게 교육해 달라고 당부했습니다.

그런데 까미의 배변문제는 배변교육의 문제가 아니었습니다. 보호자가 배변을 가리지 못한다고 혼을 낸 것도 문제지만, 까미에게 필요한 것은 배변교육이 아니었습니다. 까미는 분리불안증 때문에 힘들어하고 있었습니다. 까미에게 정작 필요한 교육은 분리불안증 교육이었습니다.

그날부터 집이 안전하고 편안한 장소라는 인식을 심어주고, 스트레스를 줄여주는 데 필요한 교육을 병행하면서 분리불안증 교육을 단계적으로 꾸준히 진행했습니다. 혼자 남는 상황에 대한 두려움을 줄여주고 혼자 남는 상황에 서서히 적응할 수 있도록 금방 되돌아온다는 인식을 심어주기 위한 교육을 실천했습니다.

배변교육은 따로 하지 않았습니다. 분리불안증 교육만 했습니다. 배변교육을 전혀 하지 않았는데도 까미의 배변은 점차 나아졌습니다. 거실에 깔아둔 배변패드에서 용변을 보는 확률이 조금씩 높아지더니 교육을 시작한 지 2달쯤 되자 다른 곳에 실수하는 일이 거의 없어질 정도가 되었습니다.

까미의 사례는 분리불안증이 배변을 가리지 못하게 한 결정적인 원인이었던 사례였습니다. 사실 이런 사례는 너무도 많아 헤아릴 수 없을 정도입니다.

# 건강한 생활에,
# 건강한 배변습관

 우리는 반려견에게 문제행동이 있으면 그 문제행동만 고치기 위해 애를 씁니다. 그런데 사람들이 반려견의 문제행동을 바라보는 시각은 어떻습니까? '고쳐야 할 대상', '교정해야 할 행동' 또는 '나쁜 행동'으로만 여기고 있는 것이 현실입니다. 그래서 그 행동을 못하게 하는 데에만 모든 관심을 집중하게 됩니다. "안 돼"라고 고함치고 혼내고 '통제'하고 '강제'하는 것이 최선이라 생각합니다. 이런 과정에서 서열을 얘기하고 복종을 따집니다.

 반려견의 문제행동은 반려견이 힘들다는 무언의 표현입니다. 고통스럽다는 비명소리입니다. 두려움과 스트레스의 표현입니다. 우리는 반려견의 문제행동을 바라보는 시각부터 바꿀 필요가 있습니다. 고쳐야 할 대상은 반려견의 문제행동이 아닙니다. 반려견의 문제행동은 지금까지의 생활 전반, 환경, 평소 반려견을 대하는 나의 태도 등을 재점검하고 돌이켜보는 기회로 삼아야 합니다. 미리 반려견에게 내가 원하는 행동을 제대로 가르쳐 주지 않고, 내가 반려견을 위해 해야 할 것을 하지 않았던 무지에 대한 반성의 계기로 삼아야 합니다. 이것이 반려견의 문제행동을 바라보는 시각이어야 하고 반려견의 문제행동을 고치는 방법이자 이유가 되어야 합니다.

배변의 경우에도 마찬가지입니다. 반려견이 배변을 가리지 못하는 것을 '고쳐야할 문제행동'으로만 여겨서는 배변문제를 제대로 해결할 수 없습니다. 반려견이 배변을 제대로 가리지 못한다면 반려견이 힘들어하는 뭔가가 있는 것은 아닌지 살펴봐야 합니다. 반려견의 생활 전반을 꼼꼼히 체크해봐야 합니다. 내가 먼저 반려견을 위해 해줘야 할 것을 해주었는지 살펴봐야 합니다. 반려견이 반려견으로서 당연히 누려야 할 것들을 누리지 못한 것은 아닌지 돌이켜봐야 합니다. 반려견이 반려견으로서 당연히 누려야 할 것을 반려견의 '본능'이라고 할 수도 있고 반려견의 '권리'라고도 할 수 있습니다.

**반려견의 권리**

1) 마음껏 배변할 수 있는 권리
2) 마음껏 뛰어놀 수 있는 권리

3) 마음껏 냄새 맡을 수 있는 권리

4) 씹거나 물어뜯을 수 있는 권리

5) 다른 반려견과 만나고 뛰어놀 수 있는 권리

6) 다른 무리 구성원이나 사람과 함께 잠자고 함께 있을 권리

7) 폭력과 강제에 의해 학대받지 않을 권리

정서적이든 신체적으로든 건강한 반려견으로 키우고 싶다면 위와 같은 반려견이 반려견으로 당연히 누려야 할 본능 또는 권리를 제대로 누릴 수 있도록 배려해야 합니다. 이것이 문제행동을 고치고 예방하는 방법입니다. 매일 규칙적으로 산책을 시켜줘야 합니다. 산책을 나가서 마음껏 배변할 수 있게 배려해야 합니다. 마음껏 주변을 탐색하고 냄새 맡을 수 있는 기회를 줘야 합니다. 씹거나 물어뜯으면서 놀 수 있도록 해줘야 합니다. 배변문제를 고치고 싶다면, 배변문제가 생기는 것을 예방하고 싶다면 건강한 생활을 할 수 있게 해주세요. 반려견이 반려견으로서 당연히 누려야 할 본능 또는 권리를 누릴 수 있도록 배려해야 합니다. 건강한 배변습관은 건강한 생활에서 나옵니다.

# 산책과 배변교육

산책과 배변교육은 어떤 상관관계가 있을까요? 산책과 배변교육은 상관이 없습니다. 아니, 산책과 배변교육은 '직접적인' 상관관계는 없습니다. 그래서 사람들은 배변을 가리지 못하는 반려견에게 규칙적으로 산책할 것을 권해도 들으려고 하지 않습니다. 그저 당장 눈앞에 보이는 배변실수를 못하게 하고 혼내고 통제하고 강제하는 것에만 관심을 쏟습니다.

아닙니다! 산책과 배변교육은 상관관계가 있습니다. 눈에 보이는 직접적인 상관관계는 없을지 몰라도 '간접적으로' 매우 중요한 영향을 미칠 수 있습니다. 배변교육을 성공적으로 가르치고 다양한 배변문제를 해결하며, 배변문제가 생기는 것을 예방하기 위해서는 자주 산책을 시켜주는 것이 좋습니다. 경우에 따라서는 자주 산책을 시켜주는 것이 배변문제 해결의 가장 효과적인 열쇠일 수 있습니다. 구체적으로 살펴보면 다음과 같습니다.

1) 매일 매일의 규칙적인 산책은 반려견의 스트레스를 줄여줍니다. 산책을 나가서 마음껏 배변하고 마음껏 주변을 탐색하며 냄새 맡는 과정에서 쌓인 스트레스를 날려버릴 수 있습니다. 반려견의 스트레스는 배변문제의 원인이 된다는 사실은 앞에서 설명한 바 있습니다.
2) 산책은 반려견이 반려견으로서 당연히 누려야 할 본능 또는 권리를 누릴 수 있도록 배려해주는 것이라고 할 수 있습니다. 건강한 생활은 건강한 배변습관 형성의 원천이 됩니다.
3) 규칙적이고 꾸준한 산책은 건강한 생활을 통해 건강한 정신을 갖게 하며 자존감을 높여주고 정신적으로 성숙된 반려견으로 성장할 수 있게 도와줍니다. 자존감이 높고 정신적으로 성숙한 반려견은 주변의 다양한 상황에 의연하게 대처할 수 있게 되어 배변을 실수하는 일이 줄어듭니다.
4) 실내에서 다리를 들고 곳곳에 오줌을 싸는 반려견에 대한 해법 중 하나가 자주 산책을 나가서 바깥에서 오줌을 쌀 기회를 충분히 주는 것입니다. 산책을 통해 배변할 기회를 충분히 주면 나를 알리려는 욕구, 메시지전달 욕구를 충족시켜 실내마킹행위에 대한 욕구를 감소시켜줍니다. 산책을 거

의 시키지 않아 실내에서만 지내게 하는 것은 반려견을 외부와 단절시키고 고립시키는 것과 같아 심각한 스트레스의 원인이 됩니다.

5) 천천히 산책하는 습관을 들여야 산책의 긍정적인 효과를 얻을 수 있고 건강한 배변습관에도 도움이 됩니다. 급하게 산책하면 산책의 긍정적인 효과를 얻기가 어렵습니다. 한동안 한 곳에 머물러 있기도 하고 천천히 산책하면서 주변을 마음껏 탐색할 수 있도록 배려해주는 것이 좋습니다. 반려견이 코로 냄새를 맡거나 용변을 본다면 충분히 기다려줘야 합니다.

6) 매일 꾸준히 산책을 하면서 바깥에서 마음껏 용변을 볼 수 있도록 하면 신체적으로도 건강한 반려견으로 살아갈 수 있습니다. 매일 산책을 하면 실내에서 배변하는 횟수가 점차 줄어들게 됩니다. 실내에서는 급한 용변만 해결하고 바깥에서 주로 배변하려 하기 때문입니다. 바깥에서 산책하는 동안 여러 차례의 배변행위를 통해 몸속에 남아있던 노폐물을 깨끗이 비워내는 효과를 얻을 수 있습니다. 당연한 결과로 건강해지고 실내에서의 배변실수도 자연스럽게 줄어들게 됩니다.

7) 배변은 스트레스의 표현이자 해소수단이라는 사실을 기억하기 바랍니다.\* 스트레스를 받으면 배변하려는 욕구가 강해진

---

\* 4장 '배변은 스트레스의 표현이자 해소수단이다' 참조.

다는 사실을 거꾸로 뒤집어 생각하면 배변을 통하여 스트레스를 해소하는 효과가 있다는 사실을 유추할 수 있습니다. 규칙적인 산책을 통해 마음껏 배변하면 스트레스를 감소시켜 실내배변행동에 긍정적인 영향을 미치게 됩니다.

# 생활과 배변은 별개가 아니다

앞에서 우리는 건강한 생활을 하면 건강한 배변습관이 형성될 수 있다는 점을 살펴보았습니다. 같은 맥락에서 산책을 자주 시켜주는 것이 배변교육에 긍정적인 영향을 미친다는 사실도 공부했습니다. 이런 사실을 다시 한 번 강조하기 위해 배변에 영향을 미치는 두 가지 생활습관을 설명하도록 하겠습니다.

## 1. 반려견과 함께 잠을 자라

필자는 반려견의 문제행동을 고쳐달라는 의뢰를 받아 가정을 방문하면 우선 반려견의 잠자리를 어떻게 하는지 물어보고 반려견과 함께 잠을 잘 것을 권장합니다. 함께 잠을 자면 반려견이 심리적 안정감을 가지는 데 큰 도움이 되기 때문입니다.

불필요한 스트레스나 불안감을 줄여줘서 문제행동 개선에 긍정적인 효과를 얻을 수 있습니다. 억지로 따로 재우는 것은 스트레스를 증폭시키게 될 뿐입니다. 함께 잠을 자서 불필요한 스트레스나 불안감을 줄이고 정신적인 안정감을 주는 것은 성공적인 배변교육과 배변실수를 줄이는 데 도움이 됩니다. 또 왜냐고 묻고 싶으신가요? 배변은 감정의 리트머스이기 때문입니다. 배변과 반려견의 감정, 심리는 불가분의 상관관계를 가지기 때문입니다.


### 2. 자율급식 하라

자율급식은 여러모로 장점이 많은 급여방식입니다. 자율급식의 방법 및 여러 가지 장점에 대해서는 필자가 쓴 다른 책 『강아지 훈련 시키지 마라』를 보시면 자세히 알 수 있습니다. 특히, 배고픔은 스트레스의 원인이 되므로 자율급식은 배고픔으로 인한 스트레스를 줄여주고 심리적 안정감을 줄 수 있다는 점에서 그 이점이 크다고 볼 수 있습니다. 자율급식의 이런 장점은 배변실수를 줄이고 배변교육을 하는 데에도 긍정적인 영향을 미칩니다.

## 배변과 자율급식의 사례

얼마 전 방문교육을 한 시츄의 사례를 소개하겠습니다. 2살 정도 된 그 시츄는 평소 욕실에 들어가서 오줌과 똥을 잘 가리는 녀석이었습니다. 그런데 문제는 녀석을 혼자 두고 가족들이 모두 외출한 뒤였습니다. 욕실에서 똥을 싸긴 했지만 똥을 물고 나와서 거실이나 소파 등에 묻혀놓는 이상한 행동을 매일매일 반복했습니다. 필자는 처음 녀석이 심리적 불안감이나 스트레스를 그런 식으로 표현하는 것으로 보고 분리불안증 교육을 중점적으로 반복했습니다. 1~2주간의 분리불안증 교육에 증세가 조금 완화되긴 했지만 완전히 나아지진 않았습니다. 어느 날은 괜찮았다가 어느 날은 다시 그런 증세를 보이곤 했습니다. 그때까지 그 시츄에게는 하루에 2회씩 시간을 정해서 사료를 급여하고 있었습니다. 이에 자율급식으로 전환할 것을 권유했습니다. 자율급식으로 전환하여 자신이 먹고 싶을 때 마음껏 먹을 수 있게 되자 언제 그랬냐는 듯 똥을 묻히는 이상행동이 사라졌습니다. **자율급식의 긍정적인 효과를 극적으로 체험한 기분 좋은 사례였습니다.** 이처럼 자율급식은 심리적 안정감을 주고 스트레스를 낮춰 배변실수를 줄여주고 배변교육에 긍정적인 영향을 미칠 수 있습니다.

영역표시의 문제
바깥에서만 배변하는 반려견
실외배변 길들이기
실외 특정장소에서의 배변
바깥에서 배변하지 않는 반려견
중성화수술과 배변
배변은 복종문제와 무관하다

## 제5장

# 기타 관련 문제

배변문제와 관련하여 보호자들이 궁금해하는 내용들이 많습니다. 이번 장에서는 많은 사람들이 궁금해하고 힘들어하는 실내마킹행위, 실내에서만 배변하는 행위, 바깥에서만 배변하는 행위 등 몇 가지 관련 문제들을 살펴보고 그 해결책도 모색해 봅니다.

# 영역표시의
# 문제

 반려견의 배변문제 중 많은 보호자분들이 가장 힘들어하고 골치아파하는 행동이 이른바 영역표시 문제라고 할 수 있습니다. 특히, 실내의 집안 곳곳의 가구나 모퉁이마다 다리를 들고 오줌을 싸는 일이 매일매일 수시로 반복된다면 여간해서는 참기 어려울 것입니다. 영역표시의 문제에 대해 많은 사람들이 해결이 매우 어렵거나 불가능한 일이라는 선입견을 가진 경우가 많습니다. 또 영역표시 문제를 단순히 중성화수술 여부와 연관 짓는 분들도 많습니다. 중성화수술만 하면 영역표시 문제는 걱정 없다고 생각하거나 중성화수술을 하지 않으면 장차 영역표시 문제가 생길 것으로 오해하는 사람들이 많은 것이 현실입니다. 그 외에도 영역표시 문제와 관련하여 사람들이 오해하고 있는 부분이 많습니다.
 영역표시의 문제는 2장에서 잠깐 언급한 적이 있습니다만, 여기서는 영역표시에 대한 사람들의 오해와 선입견을 짚어보고, 실내에서의 영역표시 문제 즉, 실내마킹행위의 문제와 그에 대한 해결책에 대해 자세히 살펴보도록 하겠습니다.

### 1. 용어의 유래

영역표시란 용어는 동물학자 콘라드 로렌츠의 정의에서 비롯된 것입니다. 그는 개가 오줌을 누는 행동을 '영역표시'라고 정의했습니다. '여기는 내 구역이야'라는 의미로 오줌을 눈다는 것입니다. 그의 이런 증명되지 않은 추측 또는 가설假設의 영향으로 지금도 많은 사람들이 개가 다리를 들고 오줌을 누는 행동을 '영역표시'라는 편견을 가지고 있습니다. 그러나 그의 이런 주장은 그 타당성이 명확하게 증명된 것이 아니며 오늘날 많은 비판을 받고 있습니다.

### 2. '영역표시'란 말은 잘못되었다

개가 다리를 들고 오줌을 싸는 행동을 보고 대부분의 사람들이 '영역표시' 즉, 자신의 영역이라고 표시하는 행위라고들 하지만 영역표시의 의미로 다리를 들고 오줌을 싸는 것은 아니라고 보는 것이 옳습니다. 개가 다리를 들고 오줌을 싸는 행동은 몇 가지 다른 의미와 이유가 있습니다. 그 의미와 해결책에 대해서는 다른 항목에서 설명하겠지만, 이를 영역표시라고 단정하고 천편일률적으로 이해하는 것은 다음과 같은 이유로 여러 가지 오해와 좋지 못한 영향을 미칠 수 있으므로 사용하지 말아야 할 용어입니다.

1) 구시대적인 서열, 복종 주장과 그 맥락을 같이하는 입장이라고 볼 수 있습니다. 영역표시란 '여기는 내 구역이야', '여기는 내꺼야'라는 의미로 오줌을 눈다는 것인데, 이것은 '여기서는 내가 대장이야'라고 주장하는 것과 다를 바 없기 때문입니다. 이런 주장대로라면 자신이 표시해둔 영역을 침범당했다고 여기는 개는 무조건 상대방을 공격하고 싸움을 해야 마땅하다는 결론에 도달하게 됩니다. 그러나 우리는 그렇지 않다는 사실을 경험을 통해 알고 있습니다. 자신의 반려견과 산책 중 길에서 다른 개를 만났을 때 개들 상호간의 행동을 실제로 관찰해본 사람이라면 그렇지 않다는 사실에 더 공감하게 될 것입니다. 물론 개에 따라서는 다른 강아지를 보기만 해도 짖어대고 공격적으로 행동하는 경우가 있긴 합니다. 그러나 그런 행동은 어려서부터 사회화 교육을 충분히 하지 않아 생긴 부작용에 의한 비정상적이고도 공포심에 질린 공

격적인 모습일 따름이므로 영역표시나 서열문제와 혼동해서는 안 됩니다. 이런 사실을 보더라도 다리를 들고 오줌을 싸는 행동이 전적으로 영역표시를 의미한다는 주장이 타당하지 않다는 점을 쉽게 짐작할 수 있습니다.

2) 산책을 하다 보면 개들은 주로 다른 개가 많이 배변한 장소에 배변하는 경우가 대부분입니다. 이것 또한 다리를 들고 오줌을 싸는 행동이 영역표시가 아니라는 증거입니다. 그것이 영역표시의 의미라면 다른 개들이 배변하지 않은 새로운 장소에 배변을 많이 하는 것이 이치에 맞습니다. 다른 개들이 많이 배변한 장소에 배변한다는 것은 영역표시를 하려는 행동이 아니라 자신의 위치나 존재를 다른 개들에게 알리려는 행동의 의미가 더 크다는 반증이라고 봐야 합니다.

3) 발정기의 암컷 개도 수컷 개가 곳곳에 마킹을 하듯 이곳저곳 찔끔찔끔 자주 오줌을 싸는 모습을 볼 수 있습니다. 발정기의 암컷 개가 하는 이런 행동을 영역표시라고 보기는 어렵습니다. 자신이 발정기라는 사실을 다른 많은 수컷 개들에게 알리기 위한 행동이라고 보는 것이 정확합니다.

4) 개가 다리를 들고 오줌을 싸는 행동을 영역표시로 이해하게 되면 서열, 복종 주장과 맥락을 같이하게 되어 반려견과 사람 사이의 관계를 훼손하게 되거나 악영향을 미칠 가능성이

높습니다. 왜냐하면 영역표시 행위를 빌미로 반려견의 모든 문제행동을 서열정리가 잘못되었기 때문이라고 여기거나 복종심의 부재 탓으로 돌려 불필요하게 억압하고 강제하거나 혼을 낼 가능성이 커지기 때문입니다.

5) 다리를 들고 오줌 싸는 행동을 일률적으로 영역표시로 이해하는 것은 실내마킹행위에 대해 서열, 복종 주장만 되풀이할 뿐 마킹행위 해결을 위한 아무런 실질적인 해결책을 제시하지 못합니다.

6) 배변행위나 배변문제를 오해하게 하거나 바른 이해를 방해합니다. 개가 다리를 들고 오줌을 싸는 행위를 영역표시로 이해하게 되면 당연한 귀결로 배변행위나 배변문제를 서열, 복종의 문제로 오인하게 되고 엉뚱한 처방으로 상황을 더 악화시킬 가능성이 있습니다. 예를 들어, 반려견이 스트레스나 불안감 때문에 실내에서 집안 곳곳에 다리를 들고 오줌을 싸는 행위를 단순히 영역표시로 이해한다면 이를 서열, 복종의 문제로 해결하려 할 가능성이 높은데 이것은 엉뚱한 처방으로 상황을 더 악화시킬 뿐입니다. 집안 곳곳에 다리를 들고 오줌을 싸는 원인인 스트레스나 불안감을 해소하기는커녕 더 증폭시킬 것이기 때문입니다.

### 3. 나를 알리는 행동, 중요표시[*]

개들이 거리에서 다리를 들고 오줌을 싸는 것은 중요함을 표시함과 동시에 불특정의 상대방이나 외부에 메시지를 전달하려는 의도가 강하다고 봅니다. 대표적인 메시지는 바로 자신의 존재를 불특정의 상대방이나 외부에 알리려는 것입니다. 개들은 다리를 높이 들고 오줌 싸는 행위를 통해 자신의 존재와 나이, 성별, 건강상태 등의 정보를 다른 상대방이 알 수 있도록 외부에 공표하는 것과 같습니다. 자신의 존재를 알리기 위해서는 눈에 띄기 쉬운 장소일수록, 더 높은 곳일수록, 자주 표시할수록 상대방이 쉽게 인지할 수 있을 것입니다. 그래서 가능한 눈에 띄기 쉬운 장소에 더 높이, 그리고 그곳을 지나칠 때마다 자주 다리를 들고 오줌을 싸서 표시하려 합니다. 개들이 주로 오줌을 싸는 장소는 공공게시판 또는 우체통, 우편물 교환소와 비슷한 역할을 하는 장소라고 비유할 수 있습니다. 전봇대, 큰 나무나 바위, 모퉁이 등 눈에 잘 띄는 장소에 주로 오줌을 싸는 이유가 여기에 있습니다. 마찬가지로 발정기의 암컷 개가 평소보다 자주 곳곳에 찔끔찔끔 오줌을 싸는 이유도 자신의 존재, 자신이 발정 중이라는 사실을 다른 개들 특히, 수컷 개들에게 알리려는 행동이라

---

[*] 이 내용은 2장 '배변행위의 다양한 의미'에서 설명한 바 있지만 영역표시와도 관련된 중요한 부분이므로 독자 여러분의 기억을 환기하고 강조하는 의미로 재차 언급한다.

고 볼 수 있습니다.

앞에서 설명한 대로 거리에서 다리를 들고 오줌을 싸는 행동을 이런 관점에서 이해한다면 (영역표시로 이해할 때와 다르게) 개와 개 사이의 관계를 갈등관계나 강자에 의한 힘의 논리로 이해할 필요가 없게 되어 상호협력관계나 동료관계로 이해할 수 있는 근거가 됩니다. 아울러 (영역표시라고 이해할 경우 반드시 산책시킬 필요를 느끼지 못할 수도 있는 것과 달리 이를 메시지를 전달하는 행위라고 이해한다면) 반려견과 규칙적으로 산책하며 거리에서 오줌을 쌀 기회를 주는 것이 보호자로서 반드시 해야 할 중요한 일임을 알 수 있습니다. 개는 배변을 통해 자신의 존재를 알리고 상대방의 존재를 인지하며 상호 메시지를 주고받는데, 산책을 시켜주지 않으면 개를 외부와 단절시키고 고립시키는 고통을 주기 때문입니다. 그것은 개를 외부와 단절된 좁은 장소에 가둬두는 것과 마찬가지의 고립감, 좌절감, 스트레스 등의 부작용을 주는 일입니다.


### 4. 스트레스, 불안감, 힘들다는 표현

개들은 스트레스나 불안감을 느끼면 배변을 하는 경향이 있습니다. 어떤 개는 스트레스나 불안감을 느끼면 반복적으로 자주 배변하기도 합니다. 반복적이고 잦은 배변은 스트레스나 불안중세 중 하나입니다. 이처럼 스트레스와 배변은 밀접하고도 불가분의 관계를 가지고 있습니다. 스트레스를 느끼면 배변하고 배변을 통해 스트레스를 표현하기도 하고 배변을 함으로써 스트레스를 줄이거나 해소시켜주는 효과가 있기도 합니다. 앞에서 필자는 다음과 같은 내용을 여러 번 강조했습니다. "배변은 감정의 리트머스다." "배변은 감정의 바로미터다." "배변은 스트레스의 표현이기도 하다."

이와 같이 개들은 배변을 통해 스트레스나 불안감, 힘들다는 표현을 하곤 합니다. 따라서 자신의 반려견이 평소와 달리 배변 실수가 잦거나 배변상의 이상행동을 보인다면 스트레스 요소가 없는지, 불안해하는 건 아닌지, 힘들어하는 건 아닌지 점검해볼 필요가 있습니다. 특히, 실내에서 다리를 들고 집안 곳곳에 오줌을 싸는 행동이 갑자기 나타나거나 반복된다면 스트레스나 불안감이 원인이 되었을 가능성이 매우 높습니다.

한편, 산책 시 거리에서 다리를 들고 반복적으로 오줌을 싸는 것은 나쁜 행동이거나 고쳐야 할 행동은 아니므로 마음껏 할 수 있도록 허용하고 기다려주는 것이 좋습니다. 오히려 스트레스를 줄여주거나 해소시켜주는 효과가 있고 개로서 당연히 해야 할 본능적인 행동이라고 볼 수 있으므로 노즈워크를 하며 실컷 배변할 수 있도록 배려해줘야 합니다.

## 5. 실내마킹행위

### 1) 실내마킹행위에 대한 오해

다리를 들고 오줌을 누는 행동에 대해 영역표시라는 편견과 오해를 가지고 있듯이 실내 곳곳에 다리를 들고 오줌을 싸는 행동에 대해서는 마찬가지의 오해를 하고 있습니다.

① 앞에서 살펴본 대로 영역표시로 이해하는 것은 잘못입니다.
② 다리를 들고 오줌을 싸는 행동이 영역표시가 아니라는 결론의 당연한 귀결로 서열문제와도 무관한 행동입니다.
③ 다리를 들고 실내 곳곳에 오줌을 싸는 실내마킹행위를 고치기 불가능한 행동이라 생각하는 사람들이 많습니다. 그러나 다리를 들고 오줌을 싸는 행동이 영역표시가 아니라는 점을 알고 그 의미를 바르게 이해하기만 한다면 실내마킹행위를 고치기가 불가능하거나 어렵지 않습니다.
④ 다리를 들고 오줌을 싸는 행동을 중성화수술 여부와 관련된 문제라고 단정적으로 생각하는 견해가 많지만, 중성화수술 여부가 결정적인 요인은 아닙니다. 중성화수술만 하면 영역표시 문제는 걱정 없다고 생각하거나 중성화수술을 하지 않으면 영역표시 문제가 생기는 것으로 오해하는 사람들이 많습니다. 그러나 중성화수술을 해도 다리를 들고 오줌을 싸는

개들이 많고 하지 않아도 다리를 들고 오줌을 싸지 않는 개도 있습니다.

중성화수술과 마킹행위와의 연관성에 대해서는 연구자료가 많지 않을 뿐 아니라 그 연구과정의 객관성을 담보하기 어렵고 의견이 분분하여 그 상관관계를 단정할 수 없습니다. 따라서 중성화수술 여부와 다리를 들고 마킹하는 행위와의 연관성을 완전히 부정할 수는 없지만, 둘 사이의 연관관계가 필수적인 것도 아니라는 관점에서 이해하는 것이 옳다고 봅니다.

2) 실내마킹행위에 대한 이해와 문제해결

실내에서 다리를 들고 마킹하는 행동이 영역표시가 아니고 서열, 복종의 문제도 아니며 중성화수술과도 결정적인 연관관계를 가진 것이 아니라면 어떻게 이해해야 할까요? 그리고 어떻게 해결할 수 있을까요?

해결책을 말하기에 앞서 우선 마킹행위에 대한 바른 이해가 선행되어야 합니다. 마킹행위를 바르게 이해한다면 그에 따른 해결책도 자연스레 도출할 수 있을 것이기 때문입니다. 다리를 들고 마킹하는 행위의 의미와 이유에 대해서는 이미 앞에서 자세히 설명했습니다. 바로 나를 알리는 행동, 중요표시이기도 하고 스트레스, 불안감, 힘들다는 표현입니다. 다리를 들고 오줌을 싸는 행동을 하는 주된 이유가 바로 여기에 있습니다. 특히, 실내에서 다리를 들고 반복적으로 마킹을 한다면 나를 알리려는 행동, 중요표시의 욕구를 충족하지 못한 까닭이거나 무언가에 의해 힘들어하거나 스트레스, 불안감을 느끼고 있는 등 심리적인 문제일 가능성이 매우 높습니다.

결국 이를 해결하려면 반려견의 나를 알리려는 행동, 중요표시의 욕구를 충족시켜줘야 하며, 스트레스나 불안감을 느끼고 있는 건 아닌지, 어떤 이유로 힘들어하는 건 아닌지 꼼꼼히 점검하여 원인이 되는 요소를 제거해줘야 합니다. 구체적으로 실내마킹행위는 다음과 같은 대처방법과 주의사항을 실천하면 충분히 예방하고 해결할 수 있습니다.

① 마킹행위에 대해 절대로 혼을 내서 고치려 해서는 안 됩니다. 마킹행위의 주된 원인을 스트레스라고 본다면, 혼내는 행위 자체가 또 다른 스트레스를 유발하여 상황을 더 악화시킬 가능성이 높습니다.
② 가둬서 해결하려는 시도도 문제를 근본적으로 해결하지 못하는 임시방편에 불과하며, 갇혀있는 상황 또한 스트레스를 유발할 따름입니다.
③ 마킹행위를 영역표시로 이해하여 서열, 복종의 문제로 해결하려 해서는 안 됩니다.

④ 중성화수술이 하나의 방편일 수는 있으나 해결책의 전부가 될 수는 없습니다.

⑤ 규칙적인 산책이 실내마킹행위를 줄일 수 있는 훌륭한 수단이 됩니다. 산책을 통해 마음껏 배변할 기회를 주면 배변을 통하여 나를 알리는 행동, 중요표시를 하려는 욕구를 충족시켜 스트레스를 줄여주고 실내마킹행위에 대한 욕구를 줄여줄 수 있습니다. 산책을 할 때에는 반려견과 함께 조용한 장소에 한동안 머물러 있기도 하고 천천히 걷기도 하면서 마음껏 노즈워크를 하고 배변할 수 있는 기회를 주는 것이 좋습니다.

⑥ 반려견이 현재 분리불안증 등 불안감이나 스트레스를 느끼는 직접적인 이유가 있는 것은 아닌지 면밀히 체크하여 이를 없애줘야 합니다. 분리불안증이 원인이라고 판단되면 분리불안증 치료교육을 적극적으로 실천해야 합니다. 현실적으로 반려견이 다리를 들고 실내 곳곳에 오줌을 싸는 이유 중 거의 대다수가 분리불안증이 원인이 된 경우입니다. 실제로 필자가 배변교육을 해달라는 요청을 받아 가정을 방문해보면 거의 대부분의 경우 분리불안증 문제를 조금씩이나마 안고 있었습니다. 따라서 실내마킹행위가 있다면 분리불안증을 유력한 원인요소로 전제하고 분리불안증의 가능성을 체크해봐야 합니다.

⑦ 최근에 급격한 환경변화를 겪거나 스트레스를 받는 상황이 있었

던 것은 아닌지 되짚어봐야 합니다. 이사를 하여 환경이 바뀌면 반려견들은 심한 스트레스를 겪기도 합니다. 낯선 환경에 빨리 적응할 수 있도록 도와줘야 합니다. 미용을 하거나 동물병원 진료를 받은 경우에도 적지 않은 스트레스 증세를 보이기도 하므로 주의를 기울여야 합니다.

⑧ 기타 스트레스를 줄이거나 예방하려는 노력을 기울여야 합니다.*

---

\* 4장 '스트레스를 관리하라'의 '반려견의 스트레스를 줄이는 방법' 참조.

# 바깥에서만 배변하는 반려견

　실내에서는 배변하지 않고 바깥에서만 배변을 해서 불편함을 호소하며 실내에서도 배변할 수 있도록 하려면 어떻게 해야 하는지 물어오는 분들이 있습니다. 실외배변이 이미 습관화된 반려견을 실내배변으로 바꾸는 일은 쉽지 않은 문제입니다. 실내배변으로 비교적 쉽게 전환이 되는 반려견도 있긴 하지만 상당한 기간을 필요로 하거나 좀처럼 어려운 반려견도 있습니다.

　실내배변이냐, 실외배변이냐의 문제는 옳고 그름의 문제, 잘잘못의 문제는 아닙니다. 다시 말하면, 바깥에서만 배변하는 행동이 '문제행동'이 아니라는 것입니다. 실내배변이냐, 실외배변이냐의 문제는 각각의 개의 배변습성과 관련된 문제이며, 이를 바라보는 문화의 차이, 개인이 느끼는 편리함과 불편함의 차이에서 기인하는 문제일 따름이지, 그것이 고쳐야 할 '문제행동'이나 '이상행동'이 아니라는 점을 오해하지 말아야 합니다.

그러므로 바깥에서만 배변하려는 반려견을 실내배변으로 전환하는 일은 절실한 사정이나 필요성이 있는 경우에 예외적으로 하는 것이 바람직하고, 단지 편리성만을 따져 억지로 실내배변을 강요하거나 단기간에 성급하게 실내배변을 하도록 강제하는 일은 지양해야 합니다.

이런 기본적인 인식하에 몇 가지 관련 문제를 살펴보고 실외배변에서 실내배변으로의 전환하기 위한 구체적인 방법 내지 해결책을 검토해보겠습니다.


### 1. 고쳐야 할 행동인가?

우선 바깥에서만 배변하려는 행동은 개들의 배변본능에 따른 자연스런 행동입니다. 개들은 원래 자기가 잠을 자거나 밥을 먹는 장소(즉, 침실이나 식당장소), 휴식하는 장소, 오랜 시간 머무는 장소에서는 배변을 참고 그 이외의 장소나 그곳에서 먼 곳, 그 반대편 장소에 배변하려는 습성이 있습니다. 바깥에서만 배변하려는 행동은 이런 본능적 배변습성에 따른 자연스런 행동입니다. 배변본능에 충실한 개일수록 이런 성향은 강합니다. 배변본능에 충실한 이런 행동은 비난받거나 고쳐야 할 행동이 아니며 오히려 칭찬하고 권장해야 할 행동입니다.

한편, 바깥에서만 배변하는 문제는 우리 사람의 입장에서 볼 때 편리함과 불편함의 차이, 문화의 차이에서 비롯된 문제일 따름입니다. 일례로 실외배변이 일반화된 미국이나 캐나다에서 살다가 우리나라로 들어와 살게 되면서 외국에서 기르던 반려견도 함께 데려와 살게 된 분들이 실외배변보다 실내배변이 일반화된 우리나라의 배변문화를 따라서 실외배변에서 실내배변으로 변경하길 원하기도 합니다. 수년 전에 방문교육을 진행한 미국 국적의 한국교포분은 우리나라에 살면서 자신이 키우는 골든 리트리버를 실외에서 배변하도록 길들이는 데 전혀 귀찮아하거나 거부감을 드러내지 않았습니다. 그분은 바깥에서만 배변하도록 길들이는 일과 용변을 누이기 위해 매일 수차례씩 바깥으로 산책시켜야 하는 일을 당연하게 생각했고 번거롭게 여기지 않았습니다. 실외배변이 일반화된 미국의 배변문화에 익숙해있었기 때문이었습니다.

바깥에서만 배변하는 까닭에 하루에 두 차례 이상 규칙적으로 산책하는 개들을 실제로 만나 보면 하나같이 온순하고 차분하며 사회성이 좋았습니다. 바깥에서만 배변하기 때문에 하루에 몇 차례씩 규칙적으로 산책하는 개들 치고 성격이 나쁘거나 심각한 문제행동을 보이는 경우는 드물었습니다. 규칙적인 산책은 개들의 스트레스를 줄여주고 면역력을 높여주며 사회성을 길러주고 건강하며 자존감이 높은 행복한 반려견으로 살아갈 수 있게 도와줍니다. 또한 개로서의 정상적인 생활을 할 수 있게 해줍니다. 바깥에서 배변하는 행동은 위생적이기도 합니다.

이런 점에서 본다면 바깥에서만 배변하는 행동은 실내배변보다 반려견에게 더 유익한 배변습성이라고 할 수 있으며, 넓게 본다면 사람과 반려견의 행복한 공존을 위해서 오히려 권장되어야 할 배변습성입니다. 그러니 바깥에서만 배변하는 행동을 억지로 고치려 하지 마세요. 바깥에서만 배변하려는 반려견에게 무턱대고 실내배변을 강요하는 것은 우리 사람들의 편리함만을 이유로 반려견에게 희생을 강요하는 것은 아닐까요? 게으름과 귀찮음을 실내배변으로 덮으려는 것은 아닌지 반성해봐야 합니다.

## 2. 왜 바깥에서만 배변할까?

바깥에서만 배변하게 되는 가장 큰 이유는 개들의 배변본능 때문입니다. 여러 번 강조했듯이 개들은 본능적으로 자신이 잠자고 밥 먹는 장소 즉, 침실이나 식당장소에서는 배변하지 않고 참는 습성이 있습니다. 침실이나 식당장소 이외의 장소나 그 반대편의 장소에 배변하려는 습성을 가지고 있습니다. 개가 오래 머무는 장소, 휴식하는 장소도 침실이나 식당장소와 비슷한 인식을 하게 되어 배변하지 않으려 합니다. 바깥에서만 배변하는 개에게는 집안 실내 전체가 침실이나 식당장소, 휴식장소라고 인식되어 있을 가능성이 큽니다. 따라서 집안의 실내 전체를 제외한 바깥공간이 본능적으로 배변장소로 인지되어 있다고 볼 수 있습니다.

이런 배변본능은 배변교육을 위한 매우 중요한 단서가 되며, 보호자인 우리 사람들이 훼손되지 않도록 주의해야 하고 지켜줘야 할 특성입니다. 배변교육이 가능한 이유도 이런 배변본능이 있기 때문이며, 모든 배변교육 방식은 이를 활용하는 것에서부터 시작한다고 할 수 있습니다. 바깥에서만 배변하려는 행동은 타고난 배변습성에 충실한 행동이라고 할 수 있으며, 배변본능에 충실한 개일수록 이런 성향은 강합니다.

바깥에서만 배변하게 되는 다른 이유는 실내에서 정해진 장소에서 배변하지 않았다고 혼을 냈기 때문일 수 있습니다. 이런 상태에서 규칙적으로 산책을 하면 실내에서는 배변하지 않게 될 수 있습니다. 바깥에서도 용변을 보지만 실내에서도 배변하는 반려견으로 키우고 싶다면 실내에서의 배변실수를 혼내면 안 됩니다. 이처럼 실내에서는 배변하지 않고 바깥에서만 배변하려는 행동도 배변실수에 대해 혼을 낸 부작용일 수 있습니다.

### 3. 바깥에 나가지 않아야 하는가?

바깥에서만 배변하려는 반려견을 실내에서도 배변하도록 하려는 의도로 사람들이 가장 빈번하게 시도하는 행동이 바로 실내에서 배변할 때까지 바깥에 나가지 않고 버티는 것이겠지요. 물론 실내에서 배변할 때까지 바깥에 나가지 않고 무작정 기다리면 머잖아 실내에서 배변하긴 할 겁니다. 그러나 그건 반려견에게 오랜 기간 상당한 고통과 스트레스를 주게 되고 건강을 해칠 수도 있습니다. 배변을 자주 하고 참을성이 없는 반려견이라면 하루만 산책을 나가지 않아도 참지 못하고 실내에 배변하기도 하겠지만, 밖에서 배변하는 습관이 몸에 밴 반려견은 2~3일이 지나도 전혀 용변을 보지 않고 사료나 물을 적게 먹으면서까지 용변을 참는 경우도 많습니다. 처음 하루 이틀은 모르겠지만 며칠씩 배변을 참는 일이 장기간 계속된다면 건강상의 이상증세를 유발할 가능성도 있습니다.

이런 부작용을 피하려면 예전처럼 바깥에 규칙적으로 산책을 하면서 실내배변을 유도하는 것이 바람직합니다. 그러자면 성급하게 실내배변을 강요하거나 기대할 것이 아니라 장기적인 관점에서 충분한 시간을 두고 실내배변으로의 전환을 꾀해야 합니다. 예전과 마찬가지로 규칙적인 산책을 계속하면서 실내배변을 유도하는 것이 최선이겠지만, 차선의 방법으로 (산책횟수를 급격히 줄이거나 산책을 아예 하지 않는 것이 아니라) 산책횟수를 조금씩 줄여나가는 식의 시도는 해볼 수 있을 것입니다.

### 4. 실내배변을 위한 조언

앞에서 말한 대로 바깥에서만 배변하려는 반려견을 실내에서 배변하도록 교육하는 경우에도 예전과 다름없이 규칙적으로 산책을 하면서 실내배변을 유도해야 합니다. 당연히 충분한 기간을 두고 참을성 있게 시도해야 하고 성급한 결과를 기대하지 않아야 가능한 일입니다. 규칙적인 산책을 하고 바깥에서 배변하는 일이 반려견 자신을 위해서 여러모로 유익한 일이므로 '설령 실내배변이 되지 않더라도 괜찮다'라는 느긋한 마음으로 유도하기 바랍니다.

규칙적으로 산책을 하며 밖에서 배변할 수 있도록 하면서도 실내에서 배변할 수 있도록 하려면 어떻게 하는 것이 좋을까요? 먼저 주의사항을 살펴보고 구체적인 방법을 모색해보기로 합니다.

### 1) 주의사항

관련 부분에서 이미 설명했지만 실내배변을 유도할 때 지켜야 할 주의사항을 다시 한 번 정리하면 다음과 같습니다.

① 실내에서 원하지 않는 장소에 배변실수를 했다고 혼을 내서는 안 됩니다. 혼을 내면 배변실수를 더 악화시킬 수도 있으며, 실내에서 배변하는 일이 혼나는 행동이라고 오해하여 바깥에서만 배변하려는 행동이 더 강화될 수 있습니다.
② 실내에서 배변할 때까지 밖에 나가지 못하게 하여 억지로 실내배변을 강요할 것이 아니라, 시간이 걸리더라도 규칙적으로 산책을 해서 밖에서 배변할 수 있도록 하면서 자연스레 실내배변을 유도해야 합니다. 그래야 자유롭게 배변하지 못하여 생길 수 있는 스트레스를 예방하고 오랜 시간 배변을 참아서 발생할 수 있는 건강이상을 방지할 수 있습니다.
③ 바깥에서만 배변하는 행동은 고쳐야 할 문제행동이나 이상행동이 아닙니다. 바깥에서 규칙적으로 산책하고, 산책하면서 냄새 맡고 마음껏 배변하는 행동은 반려견의 신체적, 정신적 건강을 위해서 반드시 필요하고 유익하기도 한 일입니다.
④ 실내배변에 성공했다 하더라도 바깥에서 배변하는 기회를 박탈해서는 안 됩니다. 그러자면 실내에서의 배변실수를 혼내서는

안 되며 실내에서 정해진 장소에 배변하면 듬뿍 칭찬해주되 규칙적으로 산책하여 바깥에서도 마음껏 배변할 기회를 줘야 합니다.
⑤ 반드시 그런 것은 아니지만, 바깥에서만 배변하려는 반려견에게 실내배변을 유도할 때에는 배변판이나 배변패드보다는 화장실이나 베란다 등을 배변장소로 지정하는 것이 더 쉽고 자연스럽게 배변을 유도할 수 있습니다. 바깥에서만 배변하려는 반려견들은 대체로 배변본능에 충실한 편이어서 구석진 외곽의 장소나 다른 공간과 분리된 느낌이 드는 공간에서 배변하려 할 가능성이 높기 때문입니다.

**2) 몇 가지 해결책**

아래에 소개하는 몇 가지 해결책은 실외배변에서 실내배변으로 전환하는 여러 가지 방법 중 일부입니다. 각각의 방법은 각각의 반려견에 따라 그 효과나 반응이 다를 수밖에 없습니다. 그중 자신의 반려견에게 적합한 방법을 선택하여 꾸준히 실천하면 될 것입니다. 아래에 소개하는 여러 가지 방법들을 혼합하여 실내배변으로의 전환을 시도해보는 것도 좋습니다.

**(1) 반복적인 신호를 붙여주는 방법**

① 예전처럼 규칙적으로 산책을 하면서 배변하면 그때마다 배변과 동시에 "쉬-"라는 반복적인 신호를 붙여주면서 간식으로 보상합니다.

② 배변할 때마다 동일한 노래를 불러주거나 휘파람 등을 반복적으로 들려주면서 보상해도 됩니다.

③ ①이나 ②의 과정을 일정기간 반복하다가 반려견이 반복적인 신호와 배변행위, 그리고 보상과의 상관관계를 이해했다고 생각되면 배변이 예상되는 시기에 배변행위 전에 '미리' 신호를 하여 배변행위를 유도해봅니다. 신호에 반응하여 배변하면 잭팟을 터트려줍니다.

④ ③의 과정을 반복하여 신호에 따른 배변반응이 고정화되면 배변이 예상되는 시기에 실내의 화장실이나 베란다 등으로 데려가 어느 정도 시간을 끌면서 배변을 유도하는 신호를 하여 배변을 유도하기를 반복합니다.

**(2) 공간을 분리하는 방법**

공간을 분리하는 방법은 개의 본능적 성향을 활용하는 방법입니다. 개들은 자기가 잠자고 밥 먹는 공간 즉, 침실이나 식당장소에서는 배변을 하지 않고 참으려 하며, 침실이나 식당장소

이외의 장소에서 배변하려는 본능이 있습니다. 실내에서는 배변하지 않고 바깥에서만 배변하려는 행동도 이런 배변본능을 반영한 행동입니다. 집안 전체가 똥오줌을 싸고 싶지 않은 침실 및 식당장소, 휴식공간이라고 인식된 반면 바깥을 배변해도 되는 화장실이라고 여기는 행동이라고 볼 수 있습니다.

공간을 분리하는 방법은 똥오줌을 싸고 싶어 하지 않는 침실 및 식당장소, 휴식공간의 면적을 당초의 집안 전체에서 배변장소가 포함된 공간을 제외한 나머지 면적으로 줄여주는 것입니다. 구체적으로 울타리 등을 사용하여 실내를 두 개의 공간으로 분리하여 침실 및 식당장소, 휴식공간과 배변장소가 포함된 공간으로 분리하는 방법으로 일정기간(최소 1~2주 이상) 침실 및 식당장소, 휴식공간에서만 머물게 하고 배변장소가 포함된 공간으로는 출입할 기회를 주지 않습니다. 일정기간이 지난 후 배변이 예상되는 시기에 반려견을 그동안 출입할 기회를 주지 않던 배변장소가 포함된 공간으로 데리고 가서 배변하기를 기다려 봅니다. 아니면 배변이 예상되는 시기에 울타리 일부를 슬쩍 개방하여 배변장소가 포함된 공간으로 스스로 들어갈 기회를 주고 그곳에서 배변하기를 기다려 봐도 됩니다.

**(3) 실외배변과 비슷한 느낌을 주는 방법**

① 배변이 예상되는 시기에 바깥으로 산책을 나가듯이 옷을 입히고 목줄을 묶어서 실내의 배변을 원하는 장소로 데려가서 시간을 끌면서 배변하기를 기다려 봅니다.

② 산책 시 풀밭이나 흙 위에서 배변하기를 좋아하는 반려견이라면 약간의 풀이나 나뭇잎, 흙 등을 실내로 가져와 배변을 원하는 장소에 뿌려두고 배변하기를 기다려보는 것도 도움이 될 수 있습니다.

③ 사이즈가 큰 배변판이나 특수제작한 배변상자 등을 준비하여 바깥에 두고 배변할 때마다 그곳으로 데려가 배변판이나 특수제작한 배변상자 등에서 배변하도록 기다립니다. 그곳에서 배변하면 간식으로 보상하기를 반복합니다. 실외에서 배변판이나 특수제작한 배변상자 등에 배변하는 것이 습관화되면 실외에서 사용하던 배변판이나 특수제작한 배변상자를 실내의 일정장소로 옮겨둔 후 배변이 예상되는 시기에 그곳으로 데려가 배변하기를 기다려 봅니다.

# 실외배변
# 길들이기

앞의 '바깥에서만 배변하는 반려견'에서 설명했듯이 바깥에서만 배변하는 행동은 고쳐야 할 문제행동이나 나쁜 행동이 아닙니다. 자기가 잠자고 밥 먹는 곳에서는 배변하지 않고 그 이외의 장소에 배변하려는 개들의 배변본능이라는 측면에서는 오히려 당연하고도 자연스러운 행동입니다. 배변본능에 충실한 개일수록 바깥에서 배변하려는 경향이 강하다고 볼 수 있습니다.

반려견 문화가 발달한 미국이나 캐나다, 영국, 유럽 등지에서는 실내배변보다 실외배변이 일반화되어 있습니다. 실외배변을 하면서 규칙적으로 산책하면 스트레스를 줄여주고 면역력을 높여 사회성이 좋은 온순하고 건강한 반려견으로 성장할 수 있으며, 개가 개 본연의 모습으로 정상적인 생활을 할 수 있게 되어 자존감이 높은 행복한 반려견으로 살아갈 수 있게 도와줍니다. 당연한 결과로 건강하게 장수하는 반려견이 될 수 있으며 위생적이기도 합니다.

이런 점에서 본다면 바깥에서 배변하는 행동은 실내배변보다 더 반려견을 위해 유익하고 필요한 배변습성이라고 할 수 있으며, 사람과 반려견의 행복한 공존을 위해서 오히려 권장되어야 할 배변습성이라고 할 수 있습니다. 실외배변을 교육하는 방법은 아래와 같습니다.


### 1. 실외배변이 필요한 경우

실외배변은 특히 다음과 같은 경우에 권장합니다.

1) 스트레스를 줄이고 건강한 반려견으로 키우고 싶을 때
2) 여러 가지 문제행동을 예방하거나 문제행동이 심하여 이를 개선하고자 할 때
3) 온순하고 사회성이 좋은 행복한 반려견으로 키우고 싶을 때
4) 실내배변을 꾸준히 시도해봐도 좀처럼 어려운 반려견
5) 오줌은 배변패드 등에서 싸지만 똥은 다른 곳에 싸는 반려견

## 2. 실외배변의 방법

실외배변의 방법은 정말 쉽습니다. 배변이 예상되는 시기에 주기적으로 바깥으로 데려가 주기만 하면 됩니다. 자기가 잠자고 밥 먹는 장소에서는 배변하지 않고 그곳에서 벗어난 장소에 배변하려는 본능이 작용하여 자연스레 바깥에서 배변하게 됩니다. 실내배변과 마찬가지로 바깥에서 배변하면 간식으로 보상해주면 됩니다.

생후 4개월 이전의 어린 강아지일수록 배변의 조절능력이 부족하여 배변을 자주 싸야 하고 잘 참지 못하므로 자주 데려나가야 합니다. 실외배변교육 초기일 때도 바깥으로 자주 데려나가는 것이 좋습니다.

실내에서 실수하더라도 혼내지 않아야 합니다. 어린 강아지일수록, 실외배변교육 초기일수록 실내에서 실수할 가능성이 높습니다. 하지만 걱정하지 않아도 됩니다. 성장함에 따라, 그리고 규칙적으로 꾸준히 산책함에 따라 실외배변이 확실해지고 실내에서 배변실수를 하게 될 가능성이 줄어들게 될 테니까요. 실내에서의 배변실수를 줄이려면 배변이 예상되는 시기에 '한 템포 빨리' 바깥으로 데려가는 것이 좋고 실외배변교육 초기일수록 '더 자주' 데려나가는 것이 좋습니다. 실내에서의 배변실수를 줄이기 위해 울타리나 크레이트crate 등에 가뒀다가 바깥으로 데려나가는 방법을 사용할 수도 있으나 장시간 가둬두는 행동은 스트레스를 유발하는 원인이 되므로 초기에 있을 수 있는 배변실수를 감수하면서 자유롭게 풀어두고 '한 템포 빨리' '더 자주' 바깥으로 데려나가는 것이 좋습니다.

 실외배변이 익숙해지고 실내에서의 배변실수가 줄어들수록 차츰 바깥으로 데려나가는 횟수를 줄여 나중에는 하루 2~3차례로 줄여나가면 됩니다. 어린 강아지이거나 실내에서의 배변실수가 잦거나 실내배변이 익숙한 반려견이라면 실내에 배변장소를 마련하여 실내에서도 배변할 수 있도록 병행하는 것도 나쁘지 않습니다. 반드시 실외배변만을 고집하지 않는다면 필요에 따라 반려견 스스로 실외배변과 실내배변을 자유롭게 선택할 수 있도록 실내에도 배변장소를 마련해주고 동시에 규칙적으로 산책을 하면서 실외배변을 하도록 하는 것도 현실적인 해결책일 수 있습니다.

# 실외배변 시 배변신호를 보이도록 하려면?

바깥에서 배변하도록 교육한 반려견의 경우 시간을 정해 매일 규칙적으로 산책을 시켜줘도 큰 문제가 없지만, 배변이 마려울 때 반려견 스스로 배변하고 싶다는 의사표현을 하도록 한다면 매우 유용하지 않을까요? 이런 의사표현이 가능하다면 갑작스레 배변이 마려울 때 억지로 참아야 하는 스트레스를 방지할 수 있고, 반려견과의 의사소통 채널이 다양화된다는 측면에서도 권장할만한 일이라고 생각합니다. 구체적으로 배변신호를 보이도록 교육하는 방법을 소개하겠습니다.

1) 특정한 동작을 유도하는 방식으로 배변신호를 가르칠 수 있습니다. 먼저 '손'훈련을 합니다. '손'훈련이 완료되면 배변이 예상되는 시기에 '손'을 주도록 요구하고 손을 주면 즉시 간식으로 보상하고 동시에 줄을 묶어 바깥으로 나갑니다. 바깥에서 용변을 보면 역시 간식으로 보상합니다. 이런 과정을 반복하면 조만간 배변이 마려울 때 반려견이 스스로 앞발을 들어 보호자에게 배변신호를 보이게 됩니다. 물론 '손' 대신에 다른 동작을 배변신호로 가르쳐도 됩니다.

2) 특정 동작을 캡처링capturing하는 방식으로 배변신호를 가르칠 수도 있습니다. 이때에는 반려견이 평소 잘 하는 동작을 배변신호로 정하는 것이 좋습니다. 반려견이 평소 앞발을 들어 보호자의 다리를 긁는 동작을 잘 한다면 배변이 예상되는 시기에 그 동작이 나올 때마다 즉시 간식으로 보상하고 동시에 줄을 묶어 바깥으로 나갑니다. 나머지 과정은 1)항과 같습니다.

# 실외 특정장소에서의 배변

마당이 있는 집에서 반려견을 마당에 자유롭게 풀어둔 상태에서 기르거나 반려견을 집안에서 생활하게 하면서 배변은 마당에서 배변하도록 하는 경우, 마당 한쪽에서 배변하는 등 실외 특정장소에서 배변토록 교육할 수 있는지를 묻는 분들이 많습니다.

실외 특정장소에서 배변하도록 교육하는 일이 이론상 불가능한 건 아니지만 실제로는 무척 힘든 일입니다. 실내배변교육에 비해 비교도 되지 않을 만큼 더 어렵습니다. 그것은 실내에서는 공간의 구분이 명확한 편이고 실외에 비해 냄새의 강도가 약하지만 실외에는 공간적으로 명확한 구분이 없어 반려견이 특정한 장소를 구분하는 것을 기대하기가 쉽지 않고 냄새의 다양성과 강도가 매우 강해 이곳저곳 아무 곳에나 배변할 가능성이 매우 높기 때문입니다.

따라서 실외 특정장소에 배변하게 하려면 실내배변보다 한층 더 노력을 기울여야 합니다.

실외 특정장소에서 배변하도록 교육할 때 한 가지 주의할 점은 교육기간 중 배변을 원하지 않는 장소에 배변하도록 방치해서는 안 된다는 점입니다. 정해진 장소에서만 배변하도록 해야 한다는 뜻입니다. 그러자면 배변이 예상되는 시기에 실외에 무작정 풀어주거나 마음대로 돌아다니도록 방치해서는 안 됩니다. 구체적인 방법을 소개하면 다음과 같습니다.

1) 사이즈가 큰 배변판이나 특수제작한 배변상자 등을 준비하여 바깥에 두고 배변할 때마다 그곳으로 데려가 배변판이나 특수제작한 배변상자 등에서 배변하도록 기다립니다. 그곳에서 배변하면 간식으로 보상하기를 반복합니다.
2) 실외공간 한쪽에 다른 곳과 시각적 공간적으로 구분되는 장소를 만든 다음 1)의 방법대로 반복하는 것도 좋습니다.
3) 1), 2)의 방법으로 실천하되 배변장소를 다른 장소에 비해 더 강하고 다양한 냄새가 나도록 하거나 간식을 사용하여 수시로 배변을 유도하거나 배변장소 이외의 장소에서 사료나 물을 먹게 하고 평상시 밥그릇과 물그릇을 그곳에 배치하는 등 3장에서 설명한 배변확률을 높이고 오류를 수정하는 다양

한 방법들을 활용하여 정해진 배변장소에서 배변할 확률을 높여주면 도움이 됩니다.

# 바깥에서 배변하지 않는 반려견

방문교육을 하면서 여러 반려견들을 만나다보면 바깥에서 배변하지 않고 실내에서만 배변하는 반려견들을 의외로 자주 만나게 됩니다. 이런 반려견들은 비교적 장시간 산책을 해도 밖에서는 배변하지 않다가 산책을 마치고 실내에 들어오면 기다렸다는 듯이 실내의 화장실장소 등에 배변하곤 합니다.

이처럼 실내에서만 배변하고 바깥에서는 배변하지 않는 행동이 정상적인 행동이라고 볼 수 있을까요? 대부분의 보호자분들이 이런 행동을 대수롭지 않게 여기고 있는 것이 현실입니다. 앞에서 살펴본 '바깥에서만 배변하는 반려견'의 행동이 여러 가지 측면에서 유익하고 배변본능에 충실한 정상적인 행동이며 오히려 권장할 만한 배변습성이라고 할 수 있는 반면, 실내에서만 배변하고 바깥에서 배변하지 않는 행동은 건강하지 못하고 정상적이지 못한 행동이라고 볼 수 있습니다. 이는 보호자의 잘못에 기인한 것으로 정서적으로 성숙하지 못하고 자존감이 낮은 반려견의 모습이라고 할 수 있습니다. 계속해서 실내에서만 배변하고 바깥에서 배변하지 않도록 방치하는 것은 반려견의 행복과 건강을 좀먹는 마이너스 요소가 되므로 경각심을 가지고 바깥에서도 배변할 수 있도록 도와줘야 합니다.

실내에서만 배변하고 바깥에서 배변하지 않는 이유는 무엇일까요? 그것은 보호자인 사람의 잘못 때문이라고 할 수 있습니다. 무엇보다도 이런 반려견들은 자주 산책을 다니지 않은 경우가 많습니다. 이따금씩 드물게 나가게 되는 산책으로는 바깥의 낯선 환경에 적응하기에는 충분하지 않았기 때문입니다. 산책을 하긴 했지만 반려견을 배려하지 않고 사람 위주의 산책을 했기 때문일 수 있습니다. 반려견과의 산책을 정해진 시간에 무조건 일정 거리를 함께 걸어 다니는 것으로만 이해했기 때문입니다. 여기서부터 여기까지 걷는 것, 동네나 공원을 한두 바퀴 도는 것으로 이해하고 급하게 걸어 다니기만 했을 가능성이 큽니다. 개들은 익숙한 장소에 배변하려는 경향을 보이는 경우가 많은데, 바깥의 낯선 환경에 익숙해지고 적응하려면 시간이 필요함에도 그에 필요한 충분한 시간을 갖지 못한 결과 바깥에서는 자신감을 갖지 못하여 배변할 엄두를 내지 못했을 것입니다.

바깥에서도 배변하도록 하려면 어떻게 하는 것이 좋을까요? 다음 사항을 실천하면 오래지 않아 바깥에서도 배변하는 정상적이고 건강한 반려견이 될 수 있습니다.

1) 어릴 때부터 매일 산책을 나가는 것이 좋습니다.
2) 걸어 다니는 것이 산책의 전부가 아닙니다. 정해진 시간에 멀리 걷는 것이 좋은 산책은 아닙니다. 처음에는 집 가까운 장소에 반려견과 함께 한동안 가만히 멈춰있는 것이 더 효과적일 수 있습니다. 그렇게 하는 것이 반려견이 더 빨리 외부환경에 익숙해지고 적응할 수 있게 합니다.
3) 산책을 할 때에는 천천히 걸어야 합니다.
4) 반려견이 냄새를 맡으면 그냥 내버려두고 기다려줘야 합니다. 간식을 바닥에 뿌려줘서 노즈워크를 유도하는 등 의도적으로 냄새를 많이 맡을 수 있도록 유도하는 것도 좋습니다. 냄새를 많이 맡을수록 배변하게 될 확률이 높아지기 때문입니다.

# 중성화수술과 배변

　중성화수술과 배변에 관해서는 중성화수술에 따른 마킹행위의 변화가 논의의 중심이 되는데, 우리나라의 경우 이에 관한 공개된 연구자료가 많지 않습니다. 그렇지만 중성화수술과 배변에 관한 연구결과가 있다 하여도 이를 전적으로 신뢰하기란 어렵습니다. 왜냐하면 연구방법상 설문조사 등의 방법을 택해야 하는 경우가 많은데, 보호자의 주관에 좌우되기 쉽고 이해관계 없는 제3자의 공정한 조사가 없는 한 그 과정에서 조사참여자의 의도가 개입될 여지도 있어 결과가 왜곡될 소지가 많다고 봅니다. 개의 행동변화 원인에는 중성화수술 이외에 다른 요소가 개입될 수도 있어 순수한 중성화수술의 효과라고 보기 어려운 면도 있습니다. 따라서 중성화수술이 다리를 들고 마킹하는 행위를 줄이는 데 일정부분 영향을 미칠 수는 있지만, 둘 사이의 연관관계가 필수적인 것은 아니라는 관점에서 중성화수술과 배변과의 관계를 이해하는 것이 바람직하다고 봅니다.

  결론적으로 반려견의 배변행위에 문제가 있는 경우 특히, 다리를 들고 실내 여기저기에 마킹하는 문제의 경우 중성화수술을 문제해결을 위한 하나의 방편으로 고려해볼 수 있지만, 중성화수술이 실내마킹문제를 해결하는 유일하고도 결정적인 방법이 될 수는 없습니다. 중성화수술과 관련 없는 배변문제나 그것이 해결해주지 못하는 부분, 그것이 효과 없는 부분에 대해서는 중성화수술 외에 다른 원인요소를 체크하고 그에 따른 해결책을 모색해야 합니다. 배변은 신체적 특성이나 호르몬의 영향 외에 스트레스, 분리불안, 정상적인 생활여부 등 배변 외적 요소나 심리적인 문제와도 불가분의 상관관계를 가지므로 그런 요소들을 항상 함께 고려하는 태도를 가져야 합니다.

# 배변은 복종문제와
# 무관하다

　배변행위는 복종이나 서열문제와 아무런 상관이 없습니다. 복종이나 서열은 배변행위뿐 아니라 짖음, 공격성, 반려견과 보호자의 관계, 반려견과 반려견 상호간의 관계에서도 전혀 고려할 필요가 없는 무관한 개념에 불과합니다. 서열은 우리 사람의 삐뚤어진 시선으로 바라본 편견이고 존재하지 않는 것을 존재한다고 믿는 미신일 따름입니다. 우리 사람들이 서열 때문이라고 믿는 행동들은 실은 비정상적인 행동이나 스트레스성 행동에 다름 아닙니다. 예를 들어, 두 마리의 반려견을 함께 키우는 경우 서로 싸우는 일이 흔하면 사람들은 이렇게 말합니다. 둘 사이에 서열정리가 되지 않아서 자주 싸우는 것 같다고. 그러나 이런 생각은 우리 사람들의 착각입니다. 두 녀석이 싸우는 것은 사회화기에 다른 강아지에 대한 사회성을 충분히 길러주지 못하였거나 서로 협력하며 공존하는 법을 가르쳐주지 못한 때문이거나 스트레스에 기인한 일방 또는 쌍방의 비정상적인 공격성 때문이라고 보는 것이 정확합니다. 여기에서는 이처럼 배변과 복종, 서열의 문제는 무관함에도 마치 밀접한 관련이 있는 것처럼 오해를 유발하는 용어를 살펴보도록 하겠습니다.

앞에서도 여러 번 언급했듯이 '영역표시'라는 용어는 배변행위에 복종·서열의 문제가 중요한 영향을 미치는 것과 같은 오해를 불러일으키는 잘못된 개념입니다. 개가 다리를 들고 오줌을 싸는 행동은 영역표시가 아니라 나를 알리는 행동이나 중요표시, 메시지를 전달하려는 행동, 스트레스나 불안감의 표현, 힘들다는 표현이라고 보는 것이 옳습니다.

'복종적 배뇨'라는 용어를 쓰는 사람도 있는데 역시 오해를 불러일으키는 잘못된 표현입니다. 사람이 접근하거나 만지거나 말을 거는 경우, 심지어 쳐다보기만 해도 오줌을 지리는 행동을 '복종적 배뇨'라고 표현하기도 하지만 그것은 복종을 의미하는 오줌이라고 보기 어렵습니다. 오줌을 지리는 행동은 자존감이 낮은 개들에게서 자주 볼 수 있는 행동으로 사람에게 자주 혼이 났거나 상대방의 의식적 또는 무의식적인 위협적 행동에 겁을 먹은 행동입니다. 아울러 배를 뒤집는 행동과 동일한 연장선상에 있는 행동으로 상대방의 행동에 대해 좀 더 위협적인 느껌을 받을 때 배를 뒤집는 것에 그치는 것이 아니라 오줌까지 지리는 경우가 흔합니다. 오줌을 지리면서 개는 상대방에게 "혼내지 마세요", "그냥 가 주세요", "나는 당신과 싸울 생각이 없어요"라는 메시지를 전달하고 있다고 볼 수 있습니다. 그런 의미에서 오줌을 지리는 것은 카밍시그널의 일종이라고 보는 것이 옳습니다. 상대방의 공격성을 완화하거나 차단하고 자신 또한 상대방에 대해 공격 의사가 없음을 알리려는 메시지입니다.

  배변실수를 복종이나 서열정리가 되지 않는 탓으로 오해하여 복종으로 풀려는 여러 가지 시도는 불필요하게 반려견을 억압하게 될 뿐 아니라 오히려 스트레스를 유발하여 배변실수를 더 악화시키고 반려견과 사람 사이의 관계를 단절시키는 요인이 될 수 있습니다.

## 에필로그.

"옳지! 잘했어!"

제가 키우는 시츄 '토리'가 배변판에서 용변을 보고 나오는 순간 가볍게 한마디 합니다. 제 말에 토리 녀석이 신난 모습으로 제게로 쫓아옵니다. 배변판에서 배변했으므로 간식을 달라는 표시입니다. 녀석이 좋아하는 고구마를 한 조각 떼어 줍니다. 혀를 날름대며 맛있게 먹는 녀석의 모습이 귀엽기만 합니다. 이렇게 저는 녀석이 배변판에 배변할 때마다 간식을 줍니다. 사실 반려견이 배변을 잘 하게 되면 간식을 띄엄띄엄 주거나 주지 않아도 상관은 없습니다. 그렇지만 저는 앞으로도 계속 간식을 줄 생각입니다. 기껏해야 하루에 두세 번 배변판에 용변을 보는데 간식을 아낄 필요를 느끼지 못하기 때문이고, 녀석에게도 그런 재미라도 있어야 할 것이라고 생각하기 때문입니다.

토리는 이제 2살 반이 되어갑니다. 이제는 배변실수를 하지 않습니다. 언제나 정해진 화장실장소에서만 배변을 합니다. 그러나 녀석도 예전에는 배변실수를 곧잘 하곤 하였습니다. 그렇지만 한 번도 배변실수를 혼내거나 화내지 않았습니다. 차츰 나아지리라 믿고 기다리며 정해진 장소에 용변을 볼 때마다 간식을 주면서 보상해주었습니다. 그렇습니다. 배변교육의 기본은 반려견이 잘하리라 믿고 기다려주는 것입니다. 화내고 혼부터 낼 것이 아니라 믿고 기다리며 공부하시기 바랍니다.

배변교육 책은 분량이 얇은 것이 통례입니다. 당연히 방법 위주의 책이 될 수밖에 없습니다. 그러나 이 책은 방법을 강조한 책이 아닙니다. 개들의 배변행위의 이해를 통해 반려견을 좀 더 이해하는 계기가 되기를 바랐습니다. 배변교육을 통해 반려견의 생활을 재조명하고 반려견과의 관계를 재정립하기를 바라기에 방법 외에 많은 것들을 다룰 수밖에 없었습니다. 분량을 줄이고 싶었지만 줄일 수 없었습니다. 이 책을 통해 배변교육과 배변문제 해결에만 만족하고 거기에 그칠 것이 아니라 반려견의 감정과 삶 및 반려견과의 관계를 더 깊이 이해하는 계기가 되기를 희망합니다.

책을 읽으시다가 부족한 부분이 있거나 궁금한 내용이 있다면 지적해주시기 바랍니다. 부족한 부분은 고쳐나가도록 하겠습니다. 부디 이 책을 통하여 배변문제로 고민하고 힘들어하는 반려견과 보호자가 줄어들기를 바라겠습니다. 배변문제를 해결하여 반려견과 보호자 모두가 행복한 가족이 되기를….

부록

여러 가지 배변훈련 방법들
자주 묻는 배변교육 궁금증과 문제해결

# 여러 가지 배변훈련 방법들

**배변훈련 무턱대고 따라하지 말자**

　배변교육을 해달라는 의뢰를 받아 가정을 방문해보면 배변문제가 정말 심각하게 악화된 사례를 볼 수 있습니다. 화장실로 만들어놓은 배변판이나 배변패드에 전혀 용변을 보지 않는 경우, 사람이 보이지 않는 구석진 곳에 숨어서만 배변하는 경우, 평소엔 용변을 보지 않다가 사람들이 밤에 잠을 자거나 외출한 때에만 배변하는 경우, 자신이 싼 똥을 먹는 경우 등 그 유형도 다양합니다. 이런 사례들은 대부분 잘못된 방법으로 배변훈련을 시도했거나 배변실수에 대해 성급하게 화를 내며 혼을 낸 부작용이라고 할 수 있습니다.

　우리는 반려견의 행동에 문제가 생기면 빨리 해결할 수 있는 방법을 찾으려 합니다. 정보를 얻기 위해 손쉬운 인터넷에서 배변훈련에 관한 정보들을 검색해보고 다른 사람들이 좋다는 방법들을 이것저것 따라해 봅니다. 그 방법이 정말 옳은 방법인지, 아니면 어떤 부작용이 있을지 제대로 알아보지도 않고 우선 따라하고 봅니다. 그 방법의 장단점을 모르니 그에 대한 옳고 그름이나 확신이 있을 리 없습니다. 그렇게 그 방법을 따라 하던 중 문제점에 부딪히면 이 방법은 아니라는 생각이 듭니다. 그리고 얼른 다른 방법을 찾아서 따라해 봅니다. 이렇게 이 방법, 저 방법 찾아다닙니다. 그러면서 이렇게 말하는 분들이 있습니다. 자신은 배변훈련 방법이란 방법들은 모두 다 안다고 합니다. 그리고 그 방법들을 다 해봤는데 안 되더라고 말합니다. 그분들에게 저는 이렇게 말해주고 싶습니다. "당신은 아무것도 아는 것이 없습니다!" 제대로 아는 것은 아무것도 없다고 말입니다. 이 방법, 저 방법 무작정 따라 하기만 했을 뿐 그 방법이 어떤 장점이 있는지, 단점은 무엇인지 등을 따져보지 않았고 알지 못했기 때문입니다.

위에서 나열한 부작용들은 한 가지도 제대로 알지 못한 채 이것저것 무턱대고 따라한 결과 배변문제를 오히려 악화시킨 케이스라고 볼 수 있습니다. 차라리 잘못된 방법으로 악화시키지 않았다면 보다 쉽게 배변교육에 성공할 수 있습니다. 잘못된 방법의 부작용 때문에 증세가 악화된 반려견들은 처음 배변교육을 하는 것보다 더 까다롭고 시간도 오래 걸릴 가능성이 높습니다.

그중 최악인 경우는 배변실수에 대해 혼내거나 때리는 행위입니다. 배변실수를 할 때마다 "안 돼!" 하고 고함을 지르고 혼을 내야 한다고 생각하는 사람들이 아직도 많습니다. 배변실수를 하면 실수한 배설물로 데려가서 억지로 코를 대서 냄새를 맡게 하고 바닥을 치며 "안 돼!"라고 혼을 내는 것이 배변교육 방법인 양 말하는 사람들이 많습니다. 배변교육을 이처럼 혼내거나 때려서 하려 한 경우 그 부작용은 의외로 심각하여 어떤 반려견은 이 책에서 서술한 가두지 않고 혼내지 않아도 되는 배변교육 방법이 전혀 통하지 않을 정도로 악화되어 있기도 합니다.

배변훈련, 무턱대고 따라하지 마세요. 반려견은 실험대상이 아닙니다. 장단점을 알고 해야 합니다. 이 책에서 필자가 권장하는 방법은 가두지 않고 혼내지 않아도 되는 배변교육 방법입니다. 그러나 그 방법이 모든 반려견에게 통하는 슈퍼솔루션이 될 수는 없습니다. 그러므로 이 책에서 서술한 방식대로 충실히 실천했으나 좀처럼 나아지지 않는 반려견이 있다면 아래의 방법 중에서 반려견의 특성, 처한 환경, 원하는 배변장소 등에 가장 적합하다고 생각하는 방법을 택하여 혼내지 않고 꾸준히 실천하는 것도 차선의 방법입니다. 아래에서는 차선의 방법으로 시도해볼 수 있는 몇 가지 배변훈련법들의 대략적인 방법을 살펴보고 그 장단점을 검토하도록 하겠습니다.

## 1. 울타리 배변훈련법 1

가장 흔히 하는 배변훈련법이지만 실패확률도 높은 방법입니다. 울타리를 둘러치고 그 안에 강아지 집과 밥그릇, 물그릇을 두고 반대편에는 배변판을 두거나 배변패드를 깔아서 본능적으로 배변판이나 배변패드에서 용변을 보도록 유도하는 방식입니다. 배변판이나 배변패드 위에서 용변을 보면 보상을 해주고 배변판이나 배변패드에 배변하는 것이 안정적이라고 판단되면 조금씩 울타리 면적을 늘려서 침실, 식당과 화장실 사이의 거리를 차츰 멀어지게 하는 것이 요령입니다.

1) 주의점
① 초기에는 울타리를 좁게 만들어 침실, 식당과 화장실 이외의 여유공간이 없도록 하여 어쩔 수 없이 배변장소에서 배변하도록 합니다.
② 배변장소에서 배변하면 보상을 해야 합니다.
③ 배변장소에서의 배변이 안정적이면 울타리 면적을 넓혀 침실, 식당과 화장실 사이의 거리를 차츰 멀어지게 하는데, 면적을 넓혔을 때 실수가 반복된다면 울타리를 다시 좁힌 상태에서 반복해야 합니다.
④ 울타리 밖에서 배변실수를 하지 않도록 주의해야 합니다.

울타리 밖에서 배변실수를 하도록 하는 것은 장차 배변판이나 배변패드를 피해서 배변하는 부작용이 생기게 할 수 있습니다.

⑤ ④의 이유로 울타리에서 밖으로 내보내줘도 되는 시기는 울타리 안 배변장소에서 배변을 했을 때입니다. 무턱대고 울타리 밖으로 내보내주면 울타리 밖에서 배변실수를 할 가능성이 매우 높습니다. 울타리 밖에서 머물게 하는 시간도 배변실수를 하지 않는 시간 범위 내의 짧은 시간이 좋습니다.

2) 장점
① 편리하다는 장점이 있습니다.
② 배변실수를 최소화하면서 배변을 길들일 수 있습니다.
③ 배변교육이 되지 않은 상태에서 강아지를 혼자 두고 외출해야 할 때 아무 곳에나 배변하는 상황을 방지할 수 있습니다.
④ 강아지를 혼자 두고 외출하기에 편리한 방법입니다.

3) 단점
① 오랜 기간 가둬둬야 하기 때문에 스트레스의 원인이 됩니다.

② 배변본능에 충실한 개일수록 울타리 안 배변장소에서는 배변하려 하지 않고 울타리 밖에서 배변하려는 경향을 보입니다.

③ 배변본능에 충실한 개일수록 침실, 식당과 배변장소를 혼동하여 나중에 울타리 공간을 넓혀주거나 자유롭게 풀어두면 배변판과 배변패드를 피해서 배변하려 할 위험성이 높은 방법입니다.

④ 무엇보다 침실, 식당에서 되도록 먼 장소에 배변하려는 개들의 배변본능에 어긋나는 방법이어서, 가장 흔히 행해지는 배변훈련법이면서도 성공확률이 그리 높지 않은 방식입니다.

⑤ 편리함에만 치중하여 울타리 안에서 배변장소에 배변해도 제대로 보상하지 않고 무관심하게 방치할 가능성이 높아 결국 배변교육에 실패할 위험성이 있습니다.

### 2. 울타리 배변훈련법 2

앞에서 살펴본 '울타리 배변훈련법 1'은 자신이 잠자고 밥 먹는 곳 즉, 침실 및 식당장소에서는 배변하지 않고 그곳과 떨어진 장소에서 배변하려는 개들의 배변본능에 혼동을 줄 가능성이 있어 그리 권장할 만한 배변교육 방법이라고 할 수 없습니다. 필자는 울타리를 사용하여 배변훈련을 하려는 때에는 이 방법을 활용할 것을 권장합니다. 배변본능에 충실하고 성공확률이 더 높은 울타리 배변훈련법은 다음과 같습니다.

1) 개요

하나의 울타리를 만들어 그 안에 침실, 식당장소와 배변장소를 함께 두는 것이 아니라 침실, 식당장소와 배변장소를 분리하여 각각 따로 울타리를 만듭니다. 즉, 침실, 식당장소를 화장실장소와 분리하여 따로 울타리를 만들고 침실, 식당장소와 분리된 화장실에도 별도의 울타리를 만들어 배변교육을 하는 방식입니다. 평소 침실 및 식당장소가 있는 울타리에 행동을 제한시켰다가 배변이 예상되는 시기에 화장실장소가 있는 울타리로 옮겨주거나 그곳으로 데려가 배변을 유도하고, 배변하면 보상하고 자유시간을 주었다가 다시 침실 및 식당장소로 사용하는 울타리에 행동을 제한시키는 방식으로 반복합니다.

2) 주의점

① 침실장소로 쓰는 울타리와 화장실장소로 쓰는 울타리는 따로 분리해야 합니다. '울타리 배변훈련법 1'처럼 하나의

울타리 안에 침실 및 식당장소와 화장실장소를 함께 두는 것은 배변본능에 어긋나는 까닭에 침실 및 식당장소와 화장실장소를 혼동하여 배변교육에 실패하는 주된 원인이 됩니다.

② 침실, 식당장소로 사용하는 울타리 면적이 너무 넓으면 그 안에서 배변할 가능성이 높아지므로 가능한 좁게 해야 합니다.

③ 침실, 식당장소로 쓰는 울타리와 배변장소로 쓰는 울타리는 서로 적당한 거리를 둬야 합니다. 처음부터 너무 멀리 떨어뜨려서도 곤란하지만 바로 옆에 붙여두는 것도 금물입니다. 배변교육을 진행하면서 차츰 두 울타리 사이의 거리를 멀어지게 하는 것이 좋습니다.

④ 화장실장소가 아닌 거실 등 울타리 밖에서의 배변실수는 최소화하도록 주의해야 합니다. 거실 등에서의 실수가 반복되면 화장실울타리에서 배변하지 않고 참으려는 경향이 생겨 배변교육이 처음보다 힘들어질 수 있습니다. 이런 부작용을 방지하려면 화장실에서 배변한 경우에만 울타리 밖으로 내보내 자유시간을 줘야 하고, 배변실수를 하지 않는 범위 내에서 자유시간을 줘야 합니다. 자유시간을 준다는 핑계로 오랜 시간 방치하여 거실 등에서 배변실수

를 하도록 해서는 안 됩니다.
⑤ 배변이 예상되는 시기에 화장실장소로 이동시켰으나 배변하지 않는 경우 그냥 풀어두면 거실 등에서 배변실수를 할 가능성이 높으므로 화장실장소에서 배변하지 않는 때에는 곧바로 다시 침실 및 식당장소로 사용하는 울타리에 가뒀다가 잠시 후 재차 화장실장소로 보내서 배변을 유도해야 합니다.

3) 장점
① 행동을 제한시켜 배변교육을 시키므로 배변실수를 최소화할 수 있습니다.
② 배변본능에 가장 충실한 방법으로 성공 가능성이 매우 높은 방법입니다.

4) 단점
① 오랜 기간 가둬서 배변교육을 해야 하므로 그로 인한 스트레스를 유발할 수 있으며, 울타리에 갇히는 것이 익숙하지 않은 반려견의 경우 계속해서 낑낑대거나 짖을 가능성이 있습니다.
② '울타리 배변훈련법 1'의 방법보다 번거로울 수 있습니다.

배변이 예상되는 시기마다 화장실울타리로 이동시켜줘야 하기 때문입니다.

③ 오랜 시간 집을 비워야 할 경우 반려견이 마음대로 배변하지 못하고 침실 및 식당 울타리 안에서 배변을 계속 참아야 하는 단점이 있습니다.

④ ③의 이유로 장시간 강아지를 혼자 두고 집을 비워야 하는 사람일 경우 '울타리 배변훈련법 1'에 비해 적당하지 않은 방법일 수 있습니다.


### 3. 신문지 등을 이용한 배변훈련법

이 책에서 필자가 설명한 가두지 않고 혼내지 않는 배변교육법을 배변판이나 배변패드 대신 신문지를 활용하여 배변교육을 시킬 수도 있습니다. 그러나 여기서 설명하는 신문지 등을 이용한 배변훈련법이란 통상적으로 배변장소로 사용할 특정한 공간의 바닥 전체에 넓게 신문지를 깔아두고 배변이 예상되는 시기에 그곳으로 데려가거나 그곳에 행동을 제한시켜 배변을 유도하고 그곳에서 배변하면 보상하는 방법입니다.

1) 개요

침실 및 식당장소로 사용하는 공간과는 분리된 장소나 강아지가 자주 배변하는 장소의 바닥 전체에 신문지를 넓게 깔아두고 배변이 예상되는 시기에 그곳으로 데려가서 배변을 유도하거나 그 장소에 행동을 제한시켜 배변하기를 기다렸다가 그곳에서 배변하면 보상하고 자유시간을 주는 방법입니다. 신문지를 깔아둔 장소에서 배변하는 것이 안정적이라고 판단되면 신문지 중 일부를 제거하여 신문지의 면적을 처음의 1/2이나 2/3 정도 남긴 상태에서 한동안 처음에 했던 것처럼 신문지 위에서 배변하도록 유도하기를 반복합니다. 신문지 면적을 줄인 상태에서 배변하는 것이 안정적이라고 판단되면 다시 그 면적의 1/2이나 2/3 정도 남기고 나머지 신문지를 제거하여 면적을 줄인 상태에서 배변을 유도합니다. 이런 방식으로 차츰 신문지 면적을 줄여나가면 나중에는 신문지 한 장 정도만 남겨도 그 위에서 배변할 수 있게 됩니다.

2) 주의점

① 이 방법도 침실 및 식당장소와 화장실장소를 적당한 거리로 분리하여 개들의 배변본능에 어긋나지 않도록 해야 합니다.

② 신문지 등의 면적을 줄이는 시기는 현재 깔아둔 신문지 위에서 일정기간(최소 1~2주) 이상 큰 실수 없이 안정적으로 배변할 때입니다. 너무 성급하게 신문지 면적을 줄이면 혼란에 빠져 신문지 이외의 장소에 배변하게 될지도 모릅니다.
③ 신문지 대신 배변판이나 배변패드를 사용해서 동일한 원리로 배변교육을 해도 됩니다.
④ 신문지 면적을 줄였더니 신문지 위에 배변하지 않고 배변실수가 반복되는 경우 다시 직전 단계의 면적만큼 넓힌 상태에서 배변하도록 반복한 뒤 재차 신문지 면적을 줄여서 배변을 유도하는 방식으로 반복해야 합니다.

### 3) 장점
① 비교적 자연스레 배변교육을 할 수 있는 방법입니다.
② 강아지가 배변하기 좋아하는 장소를 그대로 배변장소로 활용할 수 있는 방법입니다. 즉, 강아지가 특정 장소에서 배변실수를 반복하는 경우 그 장소에 신문지 등을 깔아줘서 배변을 유도하면 더 쉽고 자연스럽게 배변교육에 성공할 수 있습니다.
③ 신문지 등을 활용한 배변훈련법은 이 책에서 설명하는 가두지 않고 혼내지 않아도 되는 배변교육법의 확률을 높이

는 방법 중 한 가지를 활용한 것이기도 합니다.
④ 이 방법도 신문지를 한 군데만 깔아둘 것이 아니라 강아지가 배변하기를 좋아하거나 반복적으로 실수하는 곳, 배변할 가능성이 높은 장소 등 여러 곳에 신문지를 깔아서 배변을 유도하다가 이후 주로 배변하는 장소만 남겨두고 차츰 신문지를 깔아두는 장소를 줄여나가면 배변확률을 높일 수 있습니다.

4) 단점
① 신문지 등을 활용하므로 쓰레기가 많이 발생하고 그 처리가 쉽지 않을 수 있습니다.
② 신문지 등을 심하게 물어뜯는 강아지일 경우 현실적으로 시행하기가 어려울 수 있습니다.

## 4. 이동장을 이용한 배변훈련법

이동장이나 크레이트를 이용해서 배변교육을 할 수도 있습니다. 그러나 구체적인 방법이나 원리는 앞에서 설명한 '울타리 배변훈련법 2'와 다르지 않으므로 해당 부분을 참조하기 바랍니다.

## 5. 화장실 배변훈련법

화장실에 스스로 들어가서 배변하도록 교육할 수 있습니다. 베란다 등에 들어가서 배변하도록 하는 것도 마찬가지입니다. 화장실 배변훈련법은 크게 3가지 형태로 교육할 수 있습니다. 먼저 화장실 배변훈련법의 주의사항을 살펴보고 각각의 구체적인 방법을 알아보도록 하겠습니다.

1) 주의점

① 화장실에서 혼이 나거나 좋지 못한 경험을 하도록 해서는 안 됩니다. 화장실을 벌을 주거나 가두는 장소로 사용하는 일은 피하는 것이 좋습니다.
② 보호자에 따라서는 화장실 내에서도 배변판이나 배변패드에서만 용변을 보기를 원하는 경우가 있습니다. 그러나 화장실 내에서는 배변판이나 배변패드에만 용변을 보지 않고 화장실 이곳저곳에 자유롭게 용변을 보려는 것이 개들의 일반적인 행태이므로 화장실 내에서 배변하는 자체로 만족하는 것이 좋습니다. 개에 따라서는 따로 가르치지 않아도 화장실 내에서도 배변판이나 배변패드에서만 용변을 보기도 하지만, 통상적으로 우선 배변판이나 배변패드에 용변을 보도록 습관화하는 별도의 과정을 거친 후

시도해야 합니다.*

③ 화장실에서 용변을 보기를 원하면서도 화장실 안에서 물을 먹게 하거나 사료를 급여하는 사례를 볼 수 있습니다. 이는 침실 및 식당장소와 배변장소를 구분하려는 배변본능에 어긋나므로 피해야 합니다.

④ 화장실 입구를 울타리 등으로 막아서 그 안에 가두어 입구에서 잠자고 사료와 물을 먹게 하면서 화장실에 들어가 배변하도록 길들이려는 시도가 있습니다. 이 방법은 아래에서 설명하는 것처럼 배변본능에 어긋나 혼동을 초래하기 쉬우므로 하지 말아야 할 방법입니다.**

## 2) 화장실 배변훈련법의 몇 가지 방법

### (1) 배변판이나 배변패드를 이용하는 방법

배변판이나 배변패드에 용변을 보는 것이 습관화된 반려견이라면 배변판이나 배변패드를 화장실로 옮겨 화장실 내에서도 배변판이나 배변패드 위에서 배변하도록 유도할 수 있습니다. 방법은 간단합니다. 조금씩 서서히 화장실장소로 이동시켜주면 됩니다. 욕심내지 않고 서서히 이동시키는 것이 포인트입니

---

* 부록 '배변판이나 배변패드를 이용하는 방법' 참조.
** 부록 '하지 말아야 할 배변훈련 방법들' 참조.

다. 배변판이나 배변패드의 위치를 이동시켰더니 반복적인 실수를 거듭한다면 성급한 이동으로 혼란이 생겼을 가능성이 높습니다. 이런 경우 다시 이전의 위치로 이동시켜 실수하지 않으면 조금 더 가까운 거리를 이동시켜 배변을 관찰해야 합니다.

앞에서도 말했듯이 화장실을 배변장소로 하는 경우 개들은 대체로 화장실 내에서 자유롭게 배변하는 경향이 있습니다. 만약 화장실 내에서도 배변판이나 배변패드에서만 배변하도록 하려면 우선 배변판이나 배변패드에 용변을 보도록 습관화시킨 후 배변판이나 배변패드를 서서히 화장실로 이동시키면 가장 자연스럽고도 유효한 방법이 됩니다.

**(2) 스스로 화장실을 배변장소로 정하도록 유도하는 방법**

인내심 있는 기다릴 줄 아는 보호자라면 반려견 스스로 화장실을 배변장소로 정하도록 유도할 수도 있습니다. 그러자면 반려견이 화장실에 자주 드나들도록 해서 익숙하고 편안해하는 장소로 만드는 것이 도움이 될 수 있습니다. 여기서도 여러 가지 방법으로 시도해볼 수 있습니다.

우선 배변이 예상되는 시기에 화장실로 반려견과 함께 들어가 시간을 보내거나 화장실 문을 살짝 닫고 배변하기를 기다려봅니다. 이 책 본문에서 설명한 배변확률을 높이는 방법과 마찬가지로 화장실 바닥에 작은 간식을 두고 반려견이 들어와서 먹을 수 있도록 유도하기를 반복하는 것도 배변 가능성을 높일 수 있습니다. 배변본능에 충실한 개들은 화장실 문이나 베란다 문을 조금 열어두기만 해도 거실과 구분되고 외곽의 구석진 곳에 배변하려는 본능이 작용하여 스스로 화장실이나 베란다에서 배변하는 경우도 많습니다. 화장실을 제외한 거실 곳곳에 밥그릇이나 물그릇, 강아지 방석이나 집 등을 여러 개 분산배치하여 배변본능에 의해 다른 장소에서는 배변을 피하고 자연스레 화장실에서 배변토록 유도하는 것도 좋습니다.

### (3) '울타리 배변훈련법 2'를 활용하는 방법

이 방법은 '울타리 배변훈련법 2'와 같은 원리로 울타리를 사용하여 행동을 제한시키며 배변장소를 알려주는 방식입니다. '울타리 배변훈련법 2'에서처럼 우선 침실 및 식당장소로 사용하는 울타리를 만들어 그곳에 행동을 제한시켰다가 배변이 예상되는 시기에 화장실로 데려가 울타리 등으로 입구를 막아 그곳에서 배변하기를 기다렸다가 거기서 배변하면 즉시 보상하고 자유시간을 주는 방법으로 반복하면 됩니다. '울타리 배변훈련법 2'의 방법에서 배변장소로 사용하는 울타리를 사람이 사용하는 화장실로 대체했다는 점을 제외하고는 방법이나 원리가 동일하므로 자세한 내용은 앞에서 설명한 '울타리 배변훈련법 2'를 참조하면 됩니다. 다만, 이때 주의할 점은 배변이 예상되어 화장실로 유도하여 행동을 제한시킬 때 화장실 문을 닫으면 안 된다는 것입니다. 울타리를 등을 사용하여 바깥에서 배변하는 모습을 관찰할 수 있도록 해야 합니다. 화장실 문을 닫으면 반려견이 배변하는 모습을 볼 수 없어 제때에 보상하고 화장실에서 내보내주지 못할 것이기 때문입니다.

### 6. 실외배변훈련법

실외배변훈련법은 4장 '실외배변 길들이기'에서 자세히 설명하였으므로 그곳을 참조하기 바랍니다.

### 7. 하지 말아야 할 배변훈련 방법들

얼핏 생각하기에는 효과가 있을 것 같아 사람들이 많이들 시도하는 방식이지만 최악의 배변훈련 방식이 있습니다. 이런 배변훈련 방식은 절대로 따라하지 않는 것이 좋습니다. 배변교육에 실패하는 것은 물론이고 혼동을 초래하여 나중에 올바른 방법으로 배변교육을 하려 해도 전에 한 잘못된 배변훈련 방법의 부작용 내지 후유증으로 좀처럼 배변교육에 성공하지 못하는 원인이 될 수 있습니다.

1) 줄을 묶어두는 방식

특정한 장소에 줄을 묶어두고 줄이 미치는 범위 내에서 한쪽에는 잠을 자고 밥과 물을 먹게 하면서 다른 쪽에는 배변판을 두거나 배변패드를 깔아둬서 배변습관을 들이려는 시도가 있습니다.

얼핏 생각하기에는 이렇게 하면 다른 곳에 배변하는 것이 방지되어 어쩔 수 없이 줄이 미치는 범위 내에 있는 배변판이나 배변패드에서만 배변하게 될 것이라 여길 수 있지만, 자신이 잠자고 밥 먹는 곳, 오래 머무는 곳을 침실 및 식당장소로 여기고 그곳에 배변하지 않으려는 배변본능에 어긋나 침실 및 식당장소와 배변장소를 혼동하게 될 가능성이 높습니다. 그 결과 목줄을 풀어주면 목줄이 묶여있던 장소 반대편 아무 곳에나 배변 실수를 하게 될 확률이 더 높습니다. 또 배변판이나 배변패드가 자신이 오래 머물던 장소에 함께 있었기 때문에 침실장소로 혼동하여 그곳에서 휴식을 취하거나 그곳을 피하여 배변하게 되는 부작용을 초래하여 앞으로의 배변훈련을 더 어렵게 만듭니다. 화장실 입구에 줄을 묶어두고 화장실 안에 들어가서 배변하도록 하려는 방식도 비슷한 이유로 실패하게 됩니다.

2) 화장실 앞에 울타리를 둘러치는 방식

사람이 사용하는 화장실 입구를 울타리로 둘러쳐서 막고 입구에 반려견을 머물게 하면서 그곳에서 잠을 자고 밥이나 물도 그곳에서 먹고 배변은 화장실에 들어가 배변하도록 하여 사람이 사용하는 화장실을 배변장소로 습관들이려는 시도를 하는 사람들도 많습니다.

이 방식 역시 위 '줄을 묶어두는 방식'과 비슷한 이유로 배변교육에 실패할 가능성이 높습니다. 화장실 앞에 갇혀서 오랜 시간 행동이 제한된 반려견은 화장실 공간을 배변장소로 인식하는 것이 아니라 오히려 자신이 오래 머무는 침실공간으로 혼동하게 됩니다. 그 결과 화장실 입구에 갇혀있을 때에는 어쩔 수 없이 화장실에 들어가서 배변하기도 하지만 울타리를 없애면 화장실 반대편 거실 바닥 등에 배변실수를 하게 될 수도 있습니다.

# 자주 묻는
# 배변교육 궁금증과 문제해결

지금까지 이 책에서 가두지 않고 혼내지 않아도 되는 배변교육의 방법을 비롯하여 배변 외적 요소, 관련 문제, 차선의 방법으로 시도해볼 수 있는 여러 가지 배변훈련 방법 등을 살펴보았습니다. 이런 내용들만 알아도 배변교육은 물론 여러 가지 배변문제를 큰 어려움 없이 해결할 수 있고 예방도 가능할 것입니다. 그러나 모든 사람의 성격이 다 다르고 처한 환경이나 가치관, 생활방식이 다르듯 개들의 경우도 마찬가지입니다. 개들의 배변행위와 관련된 문제들도 각각의 개마다 다를 수밖에 없으며, 실제로 배변교육을 하거나 반려견을 키우다 보면 여러 가지 현실적인 문제와 어려움에 직면하게 됩니다. 그러므로 이런 구체적이고도 현실적인 문제들은 케이스 바이 케이스case by case로 해결해야 합니다. 이에 실제 반려견을 키우고 배변교육을 하면서 겪을 수 있는 문제와 자주 묻는 궁금증들을 정리해보았습니다. 다. 이 중 일부는 필자가 쓴 다른 책 『강아지 훈련 시키지 마라』

에서 언급한 내용도 있긴 하지만 새로운 내용을 더 많이 추가했음을 밝혀둡니다. 한편, 좀 더 전문적이고 체계적인 문제해결을 위해서는 전문가의 도움을 받는 것이 좋습니다.

---

**"우리 강아지는 침대나 소파 위에서 반복적으로 오줌을 쌉니다. 달래도 보고 혼내보기도 하는데 여전히 고쳐지지 않네요. 왜 그런 건지, 어떻게 하면 고칠 수 있는지 궁금합니다."**

---

반려견의 모든 문제는 혼내서 고치려 해서는 안 됩니다. 배변 문제도 마찬가지입니다. 반려견이 침대나 소파 위에서 반복적으로 오줌을 싸는 것은 심리적인 문제 때문일 가능성이 높습니다. 반려견이 어떤 심리적인 불안감이나 스트레스를 겪고 있는 것은 아닌지 체크해봐야 합니다. 분리불안증을 겪고 있을 가능성도 있습니다. 침대나 소파 위에서 실수했다고 야단을 쳐서는 안 됩니다. 침대나 소파 위에서 실수했다고 혼이 나면 그 장소에 대한 스트레스가 형성되어 그 스트레스 때문에 배변실수를 더 반복할 가능성이 있습니다.

혹시 침대나 소파 위에서 오줌을 쌀까봐 아니면 한두 번 쌌다고 평소 올라오지 못하게 쫓아내거나 혼내지는 않나요? 침대나 소파에서 야단을 치는 것은 물론 침대나 소파위에 올라오지 못하게 하거나 그곳에서 쫓아내는 행동도 금물입니다.

  침대나 소파에서 오줌을 싸는 행동을 줄이려면 오히려 그곳에서 잠을 자게 하거나 그곳에서 놀이를 하거나 편안하게 휴식하는 장소로 인식시켜주는 것이 좋습니다. 소파나 침대에 올라오지 못하게 쫓아내거나 혼내지 말아야 합니다. 나아가 침대나 소파 위에서 사료를 먹이거나 밥그릇을 그곳에 올려두는 것도 그 장소에서의 배변실수를 줄이는 좋은 방법이 됩니다.

---

**"배변을 잘못할 때 혼내지 말라고 해서 혼낸 적이 없는데도 가족들이 보는 앞에서 배변하지 않고 숨어서 배변하는데, 왜 그런 걸까요? 고치는 방법은 뭔가요?"**

---

  때리는 것만이 혼내는 것이 아닙니다. 기분 나쁜 표정으로, 기분 나쁜 눈빛으로 빤히 쳐다보는 것만으로도 혼내는 것이 될 수 있고 위협일 수 있습니다. "어! 또 싸네"라는 한마디 말도 야단으로 여겨질 수 있습니다. "안 돼!"라고 고함지르는 행동도 혼내는 일이 됩니다. 엉뚱한 곳에 싸는 순간에 배변장소로 안아서 급히 옮기는 행동도 야단일 수 있습니다. 혼내는 행동은 물론 반려견 입장에서 혼내는 행동으로 여겨질 수 있는 모든 행동을 해서는 안 됩니다.

혼내는 행동으로 빚어진 오해는 칭찬으로 풀어야 합니다. 새로이 배변교육을 진행하면서 반려견이 눈치 채지 못하게 숨어서 지켜보다가 정확한 곳에 배변하는 순간 맛있는 간식을 듬뿍 주며 칭찬을 반복하면, 어느 순간부터 사람이 보는 앞에서도 당당히 배변하는 날이 오게 됩니다. 자주 산책을 나가서 마음껏 배변할 기회를 주고, 배변할 때마다 간식을 주는 것도 도움이 될 수 있습니다.

---

"평소 사람이 집에 같이 있을 땐 정해진 장소에서 배변을 잘 가리는데 강아지를 혼자 두고 외출하면 똥오줌을 아무 곳에다 싸요. 어떻게 해야 할까요?"

---

사람이 같이 있을 때 배변을 잘 가리던 반려견이 혼자 두고 외출하면 배변을 가리지 못하는 것은 분리불안증 때문일 가능성이 높습니다. 혼자 남게 된 불안감과 스트레스를 주체하지 못해 이성적인 판단이 마비되고 배변을 실수하게 되는 것입니다. 배변문제 때문에 고민하는 케이스 중 상당수가 이런 분리불안증과 관련된 케이스라고 할 수 있습니다. 이런 케이스는 배변교육의 문제라기보다는 분리불안증 치료의 문제라고 하는 것이 옳습니다.

분리불안증에 의한 배변실수에 대해서도 절대로 혼내서 고치려 해서는 안 되며, 긍정적인 방법으로 분리불안증 치료교육을 꾸준히 실천하면 배변문제는 부수적으로 좋아지게 됩니다.

---

**"가족들이 외출했다가 돌아오거나 손님이 방문해서 예쁘다고 만지면 그때마다 오줌을 지려요. 혼내보기도 했는데 고쳐지지가 않네요. 어떻게 해야 할까요?"**

---

사람들은 보통 강아지가 오줌을 지리는 현상을 보고 너무 반가워서 흥분한 나머지 하게 되는 '희뇨喜尿' 또는 상대방에 대해 복종적인 의미를 표현하는 '복종성 배뇨'라고 표현하기도 하지만, 그런 의미보다는 두려움의 표현인 동시에 몸짓언어의 일종인 카밍시그널이라고 보는 것이 정확합니다. 사람이 만지거나 다가올 때 오줌을 지리는 것은 주로 사람들로부터 혼이 많이 난 개들에게서 흔히 볼 수 있는 증상입니다. 혼이 많이 난 개들은 자존감이 낮아져 상대방의 접근에 대하여 미리 겁을 먹고 오줌을 지림으로서 두려운 감정을 드러내고, 상대방에게 "혼내지 마세요", "공격하지 마세요", "나는 당신을 공격할 의사가 없어요"라는 몸짓언어 또는 카밍시그널을 표현하고 있다고 볼 수 있습니다. 이는 배를 뒤집는 행동과 그 의미가 유사하며 배를 뒤집는 행위보다 자존감에 상처를 더 많이 입은 개들에게서 볼

수 있는 행동입니다. 이를 혼내서 고치려는 행동은 최악의 해법입니다. 오줌을 지릴 때 고함을 지르거나 혼내는 것은 더 악화시킬 따름입니다.

이를 고치려면 평소 이유를 불문하고 반려견을 혼내서는 안 됩니다. 평소 신뢰감을 주고 자존감을 회복할 수 있도록 도와줘야 하며, 강아지를 대할 때에는 위협적이지 않아야 합니다. 그러자면 개들의 몸짓언어나 스트레스 신호를 폭넓게 이해하여 그에 어긋나지 않게 행동하고 대해야 합니다. 구체적인 행동요령은 다음과 같습니다.

1) 사람이 먼저 반려견에게 다가가기보다는 반려견이 스스로 다가올 때까지 기다리는 것이 좋습니다.
2) 반려견에게 다가갈 때에는 천천히 다가가거나 접근해야 하며, 눈을 쳐다보거나 정면으로 다가가지 말고 피하듯이 포물선을 그리며 접근하는 것이 좋습니다.
3) 반려견이 스스로 사람에게 다가올 때에도 서 있는 상태에서 만지거나 머리 위를 만지지 말고, 앉아서 턱 밑이나 가슴 쪽을 차분히 만져주는 것이 좋습니다.
4) 오랜만에 만날 때는 흥분이 가라앉을 때까지 시선을 마주치지 않고 말하거나 움직이지 말고 가만히 그 자리에서 기다렸

다가 차분해지면 자세를 낮춰서 천천히 만져줘야 합니다.
5) 만약 만지려는 순간 오줌을 지릴 듯하거나 지린다면 즉시 말 없이 다른 곳으로 가버리는 것이 좋습니다.

---

**"우리 강아지는 배변을 찔끔찔끔 자주 싸요. 일부러 간식을 얻어먹으려고 그러는 것 같기도 해요. 일일이 보상을 해줘야 할까요?"**

---

네, 그때마다 보상을 해주는 것이 좋습니다. 특히 배변 교육 초기에 그런 현상이 나타난다면, 더욱 좋은 신호입니다. 반려견이 당신이 원하는 화장실장소를 인지하게 되었다는 신호라고 볼 수 있으니까요. 그리고 귀찮게 생각할 것이 아니라 이런 반려견을 만난 건 오히려 행운이라고 생각해야 합니다. 자주 싸는 만큼 더 자주 칭찬해줄 수 있고, 그에 따라 배변 교육이 더 빨라지고 더 확실해지게 될 테니까요. 물론 나중에 배변 습성이 고정화되면 점차적으로 간식 보상을 줄여나가면 됩니다.

반면에 정해진 배변장소에 배변을 잘 가리게 된 이후에도 찔끔찔끔 자주 싸는 행동이 계속된다면 스트레스 등 심리적인 문제 때문일 수 있으므로 체크해봐야 합니다.

> "이따금씩 배변판 위에서 용변을 보는 경우도 있지만, 배변판 주변에 자주 싸는 편인데, 어떻게 고쳐야 할까요?"

배변판이 낯설고 불편한 장소로 여겨지면 그 장소를 피할 가능성이 있습니다. 이럴 경우 우선 배변판에 익숙해지도록 하는 과정을 충분히 거쳐주면, 의외로 쉽게 해결되는 경우가 많습니다. 한편, 스트레스나 불안감이 원인이 되어 배변판 주변에 실수하는 사례도 많습니다. 반려견이 스트레스를 받거나 불안감을 느끼는 요소가 없는지 점검해봐야 합니다. 아울러 스트레스를 줄여주는 적극적인 노력이 필요합니다.

그런데 배변판이나 배변패드가 너무 더러워도 주변에 배변하는 경우가 많습니다. 배변판이나 배변패드 주변에 용변을 본다면 우선 배변패드를 자주 새것으로 교체해주고 대변은 빨리 치워주는 것이 좋습니다.

> "지금까지 배변을 잘 가렸었는데, 어느 날부터인가 갑자기 아무 곳에다 배변을 합니다. 왜 그런지 이해할 수 없습니다. 어떻게 해야 할까요?"

갑작스런 충격이나 스트레스를 받았을 수 있습니다. 혹시 최근에 반려견이 아파서 병원에 입원하거나 수술을 받은 적은 없나요? 어떤 이유로 고함을 지르거나 혼낸 적은 없나요? 이사를 하진 않았나요? 미용을 했거나 목욕을 했기 때문일 수 있습니다. 우리 반려견들은 사소한 변화에도 힘들어하고 스트레스를 받을 수 있습니다. 스트레스나 불안요소를 없애줘야 합니다. 스트레스를 받고 있다면 스트레스를 해소할 수 있도록 적극 도와줘야 합니다. 우선 자주 산책을 나가는 것부터 시작해보세요.

---

**"소변은 배변판에 거의 실수하지 않고 잘 싸는 편인데, 대변은 좀처럼 배변판에서 누질 않아요. 어떻게 해야 할까요?"**

---

소변과 대변을 같은 장소에서 용변을 보는 반려견이 있는 반면에, 소변과 대변을 다른 장소에서 보려는 반려견들도 많습니다. 배변장소가 꼭 배변판 한 곳이어야 할 까닭도, 소변장소와 대변장소가 같은 장소여야 할 까닭도 없습니다. 그건 사람의 지나친 욕심이나 요구일 수 있습니다. 소변은 배변판에서 보는 편인데 대변은 다른 곳에 보려는 반려견이라면, 대변 보는 장소를 따로 지정해서 가르쳐주는 것이 좋습니다. 배변판과 별도로 욕실이나 베란다를 대변 보는 장소로 개방해서 유도하면 손쉽게 해결될 수 있는 문제입니다. 한편, 이런 반려견들은 자주 산책을 시켜주면 머잖아 주로 실외에서 대변을 보게 될 가능성이

높은 강아지라고 할 수 있습니다.

---

"우리 강아지는 자기가 싼 똥을 먹어요. 아무리 못 먹게 혼내고 말려도 안 되네요. 후춧가루나 식초를 뿌리라는 사람도 있어서 그렇게도 해봤는데 소용없어요."

---

똥을 먹는 증세를 식분증이라고도 합니다. 동물병원에 문의하면 보통 영양 불균형 때문이라고 하면서 영양제 등을 처방해주곤 하는데, 효과가 없는 경우가 대부분입니다. 식사량이 부족해서 그런 경우도 있습니다만, 주된 원인은 심리적인 이유 때문인 경우가 많습니다. 똥오줌을 잘 가리지 못한다고 지속적으로 혼이 난 개들 중에 식분증 증세를 보이는 사례가 많습니다. 그래서 똥오줌을 못 가리는 반려견들 중에 똥을 먹는 케이스가 많습니다.

혼내면서 배변교육 하는 행동을 즉각 중단해야 합니다. 칭찬을 통해 배변교육을 시켜줘야 합니다. 그 외에 분리불안 등 불안감이나 스트레스가 원인인 경우도 있습니다. 불안감이나 스트레스 요소가 없는지 면밀히 살펴보고 그런 요소를 없애줘야 합니다. 물론 똥을 싸면 지체하지 말고 아주 맛있는 간식으로 즉시 보상해주고, 먹기 전에 치워야겠지요.

"대체로 배변판에 용변을 보는 편이긴 하지만 평소 사용하지 않는 빈방에 들어가서 똥오줌을 싸놓거나 싱크대 옆에다 배변을 하는 등 특정한 장소에 계속 배변실수를 해요. 어떻게 하면 고칠 수 있을까요?"

이 경우 두 가지 해결책을 생각해볼 수 있습니다. 하나는 자주 실수하는 장소를 배변장소로 추가로 지정해주는 것입니다. 그곳에다 배변판을 두거나 배변패드를 깔아주면 됩니다. 다른 한 가지 방법은 그 장소에서의 배변을 피하도록 하는 것입니다. 그러자면 자신이 잠자고 밥 먹는 곳에서는 배변을 피하려는 개들의 배변본능을 적극 활용하는 것이 좋습니다. 반려견이 계속 실수하는 장소에 자신이 좋아하는 집이나 방석을 깔아두거나 그곳에서 밥이나 물을 먹이고 밥그릇, 물그릇을 평소에도 그곳에 놓아두면 그 장소를 피할 가능성이 높습니다.

"우리 강아지는 한자리에서 똥을 싸지 않고 움직이면서 똥을 싸요. 어릴 때는 그렇지 않았는데 언제부터인가 그런 행동을 보입니다. 왜 그런 걸까요? 그리고 어떻게 해야 할까요?"

우선 건강상 이상이 없는지 검진을 받아보시는 것도 좋습니다. 변비증세가 있거나 변이 원활하게 배설되지 않아서 그럴 수도 있으니까요. 그럴 경우 소화에 도움이 되는 음식이나 약, 변비약 등이 도움이 될 수도 있습니다. 건강상 이상이 없다면 심리적인 불안감이나 스트레스가 원인으로 작용했을 수 있습니다. 과거에 배변실수를 한다고 혼을 낸 까닭에 배변행위에 대한 불안감이나 트라우마가 형성되어 그럴 가능성이 있습니다. 절대로 혼내거나 고함을 지르지 말고 원하는 장소에 배변하는 경우 꾸준히 칭찬해줘야 합니다. 규칙적으로 산책하면서 밖에서 변을 보면 그때마다 간식으로 보상해주세요. 그 외 생활전반을 꼼꼼히 체크하여 불안요소나 스트레스 요소가 없는지 살펴보고, 평소 반려견을 대하는 태도에 문제는 없는지도 돌이켜보는 것이 좋습니다.

---

**"발판이나 카펫 위에 자주 배변실수를 합니다. 어떻게 해야 할까요?"**

---

 카펫 위에 배변실수를 하는 경우 그 위에 올라오지 못하게 그때마다 혼내고 쫓아내려고 하는 분들이 있습니다. 그렇게 해서는 해결되지 않을 뿐 아니라 잘못하면 더 악화될 가능성도 있습니다. 카펫에 올라가서 놀거나 쉬고 싶어도 그러지 못하는 좌절감에 의한 스트레스나 카펫에서 번번이 혼난 기억이 스트레스로 작용하여 오히려 더 자주 그곳에 배변실수를 할 가능성이 높고, 사람이 지켜보지 않을 때마다 카펫 위에다 배변실수

를 하게 될 수도 있습니다. 차라리 그곳에서 편히 쉬게 하거나 잠을 자도록 허용하고 반려견이 좋아하는 방석이나 집을 카펫 위에 두는 것도 좋습니다. 카펫 위에서 밥이나 물을 주고 평소 밥그릇, 물그릇도 그 위에 올려두면 배변실수를 방지할 수 있습니다.

"우리 강아지는 다리를 들고 벽이나 가구 등 집안 곳곳에 오줌을 싸고 다닙니다. 아무리 혼내도 안 되는데, 어떻게 해야 할까요?"

혼낸다고 해결될 문제가 아닙니다. 오히려 사태를 더 악화시킬 뿐입니다. 반려견들의 배변행위는 심리적인 문제와 매우 밀접하고 예민하게 관련되어 있습니다. 반려견이 무언가 불안하거나 스트레스를 받고 있을 가능성이 큽니다. 스트레스 요소가 무엇인지, 반려견을 불안하게 하는 원인은 없는지 꼼꼼히 살펴보고 원인 요소를 없애줘야 합니다. 현실적으로 분리불안증이 원인이 되어 실내마킹행위를 하는 반려견이 많으므로 그 가능성을 체크해보는 것이 좋습니다. 현재 반려견의 생활이 개로서의 정상적인 생활인지도 점검해봐야 합니다. 산책을 자주 하면서 밖에서 다리 들고 마음껏 배변하게 하는 것도 실내에서 다리 들고 배변하는 행위를 줄여줄 수 있습니다. 자세한 내용은 5

장 기타 관련문제 중 '영역표시의 문제'를 참조하시기 바랍니다.

**"평소 대소변을 잘 가리는 편인데, 아빠가 주무시는 침대 위에다 오줌을 싸놓는 일이 많은데, 왜 그럴까요?"**

아빠가 반려견을 자주 혼내진 않나요? 아니면 그 방에 들어오거나 침대 위에 올라오면 내려가라고 고함을 지르거나 혼내고 쫓아내진 않나요? 개들은 혼난 장소나 혼을 낸 사람과 관련된 장소에서 자신도 모르게 불안감에 휩싸이거나 스트레스를 받을 수 있습니다. 스트레스로 말미암아 부지불식간에 오줌을 싸게 되는 것이고요. 어떤 이들은 반려견의 이런 행동을 보고 혼을 내서 그 사람에게 보복하기 위한 행동이라고 오해하기도 합니다. 보복하기 위한 행동이 아니니, 절대로 혼내거나 화내지 마시기 바랍니다. 혼낼수록 사태를 악화시키게 됩니다.

평소 그곳을 편안하고 기분 좋은 장소로 인식시켜주세요. 그곳에서 잠을 같이 자기도 하고 놀이를 하거나 맛있는 간식을 주는 것도 좋습니다. 침대 위에서 밥을 주는 것도 도움이 됩니다. 혼낸 것 때문이 아니라면 아빠를 유독 좋아해서 아빠에 대한 분리불안증이 원인이 되어 그런 행동을 할 수도 있습니다. 그런 경우라면 분리불안증 교육을 실천해야 합니다.